다음 세대를 생각하는
인문교양 시리즈

내가 읽은 책이 곧
나의 우주다

내 삶의 주인으로 살기 위한 책 읽기

장석주 지음

샘터

평생 책만 읽는 것이 내 단 하나의 소망이었다.

– 미셸 우엘벡(프랑스 소설가)

인생은 책을 얼마나
읽었느냐에 따라 달라진다

　공부하려고 읽은 게 아니라 기쁨과 행복을 구하려고 책을 읽어
왔습니다. 공자는 "아는 것은 좋아하는 것만 못하고, 좋아하는 것은
즐기는 것만 못하다"고 했는데, 나는 여전히 그 말을 믿습니다. 책은
좋아하고 즐기는 부류에 속하는 것입니다. 나는 좋아하고 즐기는 것
으로 흰 눈 쌓인 겨울 아침 환한 햇빛을 보는 것, 이른 봄 종달새 소
리를 듣는 것, 모란과 작약 꽃들이 피어나는 걸 보는 것, 여름 연못의
수련을 보는 것, 파초 잎에 떨어지는 빗소리 들으며 낮잠 자는 것, 좋
은 벗들과 만나 얘기 나누는 것, 아름다운 여인의 미소를 보는 것, 동
지 팥죽 먹는 것 등등을 꼽습니다. 이렇게 좋아하고 즐기는 것 중에
서도 으뜸으로 꼽는 것은 책 읽기입니다.

　나는 날마다 쉬지 않고 책을 구해 읽는 것을 삶의 큰 기쁨이자
보람으로 아는 사람입니다. 책이 준 혜택은 다 꼽을 수 없을 만큼 많
지만, 책 읽기에 빠져 지낸 세월의 폐단은 고작 서너 가지에 지나지

않아요. 그동안 쉬지 않고 세상의 그 많은 책들을 두루 구해 꾸준히 읽었습니다. 그 덕분에 내가 누구인지를 또렷하게 인식할 수 있었고, 내 정신과 영혼과 개성이 다채로운 지식과 섞이고 스미며 풍요로워졌으며, 그 결과 책을 읽으며 숙고하는 인간으로 성장할 수 있었지요. 그런 바탕 위에서 책을 써서 밥을 구하는 '전업 작가'가 될 수 있었으니, 봉급과 수고에 매이지 않고 자유롭게 읽고 쓰며 밥벌이를 하는 내 삶의 방식에 만족합니다.

살아온 인생을 되짚어 보면, 항상 가장 중요한 국면마다 책이 있었습니다. 아직 뼈가 약하고 살이 연할 때 나를 키우고 단련한 것도 책이고, 잘 달리다 느닷없는 돌부리에 걸려 넘어졌을 때 나를 일으켜 세운 것도 책이고, 세상으로부터 외면당해 스스로 낙오자가 되어 시골로 내려와 쓸쓸한 살림을 꾸릴 때 힘과 용기를 준 것도 책이었습니다. 평생을 책과 벗하며 살아 왔으니, 내가 읽은 책들이 곧 내 우주었다고 자신 있게 말할 수 있습니다. 내 안에 다정함이나 너그러움, 취향의 깨끗함, 투명한 미적 감수성, 그리고 올곧은 일에 늠름할 수 있는 용기가 손톱만큼이라도 있다면 그건 다 책에서 얻은 것입니다.

내게도 크고 작은 위기가 없지 않았습니다. 가장 큰 위기는 마흔 무렵에 닥쳤지요. 그 무렵 출판사를 접고 시골로 들어왔는데, 많은 벗들을 잃고 생계 대책은 막연했습니다. 저수지 물을 바라보며 멍하니 앉아 공상하며 보내는 시간이 많았지요. 그때 마음을 다스리려고 새벽마다 읽은 게 노자와 장자, 그리고 공자의 책들입니다. 그 책들을 끼고 사는 동안 마음은 다시 고요해졌습니다. 그 책들을 통해 내가 얻은 지혜는 이런 것입니다. "마흔은 인생의 오후, 빛은 따뜻하고 그림자 길어져, 걸음을 느리게 잡아당기면 곧 펼쳐질 금빛 석양을 기대하면서 잠시 쉬어 가도 좋은 시간. 아침부터 수고한 마음을 도닥거리고 어루만지면서 남은 시간에 무엇을 할 것인지 평온하고 지

혜롭게 사유하라. 그런 이에게 오후는 길고, 충만하다."(졸저《마흔의 서재》중에서)

이제 내 인생의 강은 넓은 하류에 닿았습니다. 몇 년 뒤에는 제주도로 내려가 살 작정입니다. 그동안 모은 장서들로 '여행자 도서관'을 꾸리며 살까 합니다. 제주도 호젓한 곳에 집을 짓고 삽살개나 한 마리 키우면서 종일 책을 읽고 오후에는 바닷가로 산책하러 나가는 일과는 상상만으로도 나를 행복하게 만듭니다.

여기에 펼친 이야기들은 다 내 경험에 바탕을 둔 것입니다. 이런 저런 매체들과 많은 인터뷰를 했는데, 그때 했던 말들을 정리해서 세상에 내놓습니다. 화려한 업적이나 대놓고 자랑할 만큼 세상을 크게 이롭게 한 바는 없지만, 조촐한 대로 삶을 꾸려 온 이의 자긍심마저 없는 건 아닙니다. 세 아이를 키우고, 스무 살에 등단해서 마흔해 동안 쉬지 않고 시를 썼으며, 방송에 나가 책에 관한 얘기를 하기

나 여러 매체에 글들을 기고하고, 대학에서 젊은이들을 가르치는 일을 하기도 했습니다. 책을 읽는 독자에서 책을 만드는 편집자를 거쳐 책을 쓰는 저자로 살아 오는 동안 어디 좋은 일만 있었겠습니까? 궂은일도 겪고, 크고 작은 풍파를 견디고 넘어왔습니다. 그러면서도 책을 놓지 않고 '책 읽는 인간'으로 일관하며 지내온 것을 기꺼워하고, 그게 곧 내 자존의 고갱이라 여기고 살아왔지요. 그것을 뿌듯한 보람과 기쁨으로 여긴 것은 그게 바로 내가 갈망한 것이고, 진정한 삶이었기 때문입니다.

마지막으로, 단 한 번뿐인 인생을 의미 있게 사는 방법에 관해 묻는 젊은 벗들에게 당부하고 싶은 말이 있습니다. 첫째, 더 많이 사랑하라. 둘째, 자기가 정말 좋아하는 일을 하라. 셋째, 책을 충분히 읽어라. 넷째, 평생을 함께해도 좋은 벗들을 사귀어라. 다섯째, 건강한 신체를 유지하도록 힘쓰라. 이것들이 가치 있는 삶을 사는 데 필요한 것들입니다. 일본 메이지대학 교수인 사이토 다카시는 "인생은 책을 얼마나 읽었느냐에 따라 달라진다"고 했는데, 특히 이 말을 꼭 전하고 싶습니다. 바빠서 책을 못 읽는다고 하는데 사실은 바빠서 읽지 못하는 게 아닙니다. 책을 읽지 않는 건 책을 읽고 싶은 의욕이 없기 때문이지요. 그게 진실입니다. 누군가 "책을 사는 것은 책을 읽을 시간도 함께 사는 것이다"라고 했는데 한 치의 틀림이 없는 말입니다. 나는 해마다 많은 책들을 삽니다. 책들을 사들일 때 책을 읽을 시간도 함께 사는 것입니다. 책을 읽고 싶다면, 서점에 나가 책을 사십시오! 그래야 비로소 책을 읽을 시간도 얻습니다.

2015년 12월 서교동 서재에서
장석주

1장.

책 읽는
인간으로
산다는 것

누구도 자기의 우주 바깥으로 나가 살 수는 없습니다.

우리는 오직 자기가 만든 우주 안에서만

숨 쉬고 생각하며 살 수 있어요.

책을 읽는다는 건 그 우주의 경계를

더 넓게 밀어 가며 확장하는 일입니다.

그렇게 해서 자기의 우주가 넓어지면 그만큼

운신의 폭이 넓어지니 자유로워지는 것이고요.

그래서 나는 책 읽기를 자기만의 우주를

창조하는 것이라고 말하곤 합니다.

날마다
밥 먹듯이
책을 읽는다

다독가로 알려지다 보니 책이란 무엇이냐는 질문을 많이 받습니다. 그럴 때마다 나는 책은 밥이라고 말합니다. 글을 쓰지 않는 시간은 대개 산책하거나 책을 읽으니까요. 그렇게 날마다 밥 먹듯이 책을 읽습니다. 특별한 일정이 없는 한 하루에 네다섯 시간 정도는 책을 읽는 것 같아요. 어렸을 때는 너무 재미있어서 금세 책 읽기에 빠져들었습니다. 지금도 재미와 즐거움이 책 읽기의 커다란 동기를 이룹니다. 만약 책 읽는 것이 재미없는 일이었다면 그토록 빠졌을 리 없었겠지요.

책 읽기에는 일상에서 느낄 수 없는 기분 전환, 정신적 고양, 열

내가 읽은 책이 곧 나의 우주다

락 같은 게 따릅니다. 내면이 고요해지면서 내 안에 잠재된 막연한 실존의 불안이 가라앉는 걸 느끼기도 하고요. 또 탁월한 지적 명석함을 얻을 기회이기도 합니다. 책을 읽다 보면 무지에서 앎으로 나아가는 데 수반되는 짜릿한 흥분 같은 걸 느끼게 되지요. 그 흥분이란 나보다 높은 존재에 나라는 존재가 쿵, 하고 부딪치면서 생겨나는 기쁨과 지적인 즐거움 같은 것입니다.

본격적으로 책 읽기를 시작한 것은 스무 살 무렵이에요. 국립도서관이나 시립도서관 등을 다니며 책을 읽었는데, 그때 책 읽기가 천직 같은 것, 혹은 운명적인 어떤 것이라는 느낌이 들었어요. 책을 읽지 않는 삶이란 상상할 수도 없었던 거지요.

우리가 배가 고프면 위에서 그르렁거리잖아요. 그런 것처럼 나는 주변에 책이 없으면 뇌가 허기지다고 그르렁거립니다. 그게 계속되면 심리적으로 불안해지기도 하고요. 그래서 활자가 있는 것을 무의식적으로 찾게 됩니다. 나는 그 무엇에도 잘 중독되지 않는 사람인데, 아마도 유일한 중독이 있다면 바로 활자 중독이 아닌가 싶습니다.

우리가 책을 읽지 않는다고 아프거나 죽지는 않습니다. 사실 책을 읽지 않아도 사는 데 큰 지장은 없어요. 그래서 '살아가는 데 독서 따위는 필요 없다'고 말하는 사람도 있습니다. 우리 주변에 책 한 권은커녕 신문조차 읽지 않고 평생을 사는 사람도 드물지 않습니다.

그렇지만 나는 그런 사람들에게는 반드시 어떤 결핍과 부재가 있을 수밖에 없다고 생각해요. 오래도록 책을 읽어 온 사람으로서 말하는데, 책을 읽지 않는 사람은 겉은 멀쩡해 보일지 몰라도 잘 살펴보면 제대로 된 인생을 살고 있다고 할 수 없습니다. 책을 읽지 않는 사람들은 대개 자기 생각이라는 게 없기 때문입니다. 책을 읽는다는 것은 그 책에 담긴 지식이나 사상이 자신의 내면으로 스며들어 와 생각이 확장되고, 자아가 확장되는 과정입니다. 메이지대학 교수인 사이토 다카시齋藤孝는《독서력讀書力》에서 책 읽기의 효과에 대해 이렇게 말합니다.

자신의 경험과 저자의 경험, 자신의 뇌와 저자의 뇌가 혼재해 있는 듯한 느낌이 바로 독서의 참맛이다. 이는 결코 자신을 잃어버리는 것이 아니다. 다른 사람과 본질적인 부분을 공유해 보는 것이 정체성을 형성하는 데 핵심적인 역할을 한다. 혼자만의 세계에 틀어박혀 그 안에서만 생각이 머문다면 정체성은 형성되지 않는다.

그렇습니다. 이렇듯 책 읽기는 무엇보다도 자기 정체성의 형성에 이바지합니다. 사람들은 책 읽기를 통해 자신들이 사는 세계와 함께 살아가는 타인들의 경험에 대한 이해를 키워 나갑니다. 거꾸로 그런 것들을 거울삼아 내가 경험한 것들의 진정한 뜻을 성찰하기도 하고요. 중요한 것은 그런 것들이 나란 어떤 존재인가 하는 형이상학적 수수께끼를 푸는 데 도움이 된다는 점입니다. 다시 말해 책 읽기는 내 상상력과 생각하는 힘을 키워 주고, 그것들을 바탕으로 우리는 자아를 구축해 가고 자아 정체성을 형성해 가게 된다고 할 수 있습니다.

그런데 책을 읽지 않으면 어떻게 될까요? 책을 읽지 않는다면 그런 인격과 자아를 쇄신하고 확장하는 일은 일어나지 않아요. 그뿐만 아니라 실제로 뇌가 굳고 쓰지 않는 뇌세포가 사라져 평생 사용할 수 있는 뇌세포의 개수가 줄게 됩니다.

얼마 전 어느 기업의 연수회에서 강연해 달라는 요청이 들어왔습니다. 그 기업의 중간 간부들을 대상으로 한 강연이었습니다. 강연이 끝난 후 그 기업의 간부들과 대화를 나누는데, 정말 깜짝 놀랐습니다. 그들의 말 속에 자기 생각이라는 게 전혀 없었거든요. 하나같이 상투적인 개념들, 피상적인 사유들, 죽은 표현들을 쓰고 있었습니다. 특히 정치에 관해 말할 때 대중매체의 칼럼들에서 읽은 것들을 마치 자기 의견인 것처럼 말하더군요. 정치를 비롯해 여러 가지 하나 마나 한 의례적인 얘기들이 오갔지만, 그 속에 자기 생각은 요만큼도 들어 있지 않았습니다. 그래도 우리 사회의 중추를 담당한다고 여겨지는 사람들인데, 이토록 자기 고유의 사유를 하지 않고 산다는 점에서 그날 꽤 충격을 받았습니다. 그러면 그 사람들의 머릿속에는 대체 어떤 생각들이 들어 있었을까요? 맛있는 음식 먹고, 넓은 집과 비싼 자동차 사고, 주식이나 부동산 따위로 돈 버는 것과 같은 물질적인 것이 전부였습니다. 한 마디로 생물학적 욕망과 눈앞의 필요에만 매인, 아주 좁고 부박한 삶이었지요.

어떤 사람이 그런 식의 삶을 살다 보면 대개는 천박한 실용주의적 가치관에 짓눌리게 됩니다. 그리고 이렇게 평생 먹고사는 문제에만 매달리게 되면, 우리가 삶에서 정말 추구해야 할 형이상학적인 사유의 세계로는 한 걸음도 다가가지 못하게 됩니다.

그런 삶이 과연 행복할까요? 나는 그들의 삶이 불행할 수밖에 없다고 생각합니다. 남들이 부러워할 만한 안정된 직장에 높은 연봉을 받고 있지만 사실은 자기 삶이나 자기 생각이 없는 노동-기계와 다름없는 인생을 살아가고 있기 때문입니다. 그런 사람들은 자기 분야의 업무에 대해서는 통달했을지 모르지만, 타인과 소통하는 법이나 자신의 감정과 자아를 돌보는 법에 관해서는 무지할 수밖에 없습니다. 늘 과도한 업무에 혹사당하고 있어서 자기를 돌볼 시간이 거의 없거든요. 그러니 사는 게 즐겁지 않고 삶이 삭막하기만 합니다. 그들을 가장으로 둔 가족 역시 삶이 삭막하기는 마찬가지일 것입니다.

책 읽기는
자신의 우주를
확장해 나가는 행위

나는 책 읽기가 '지적 노동'이라고 생각합니다. 책 읽기는 누구나 할 수 있는 일이 아니에요. 노동이라는 점에서 거기에는 인내와 수고 가 따릅니다. 인내와 수고 둘 중 하나라도 회피해서는 할 수 없는 일 이 바로 책 읽기입니다. 더 나아가 숙련된 책 읽기에는 학습과 훈련 이 필요합니다. 책은 우리의 잃어버린 본성을 일깨우고, 어둠 속에 묻힌 것들에 인지의 빛을 비춥니다. 그리고 그 빛이 우리로 하여금 무지에서 앎으로 걸음을 떼도록 인도합니다. 그뿐만 아니라 내 안을 돌아보게도 하지요. 그런 까닭에 책은 다른 어떤 것보다도 반성적이 며 자기 성찰적인 매개물입니다.

그러나 무엇보다 책 읽기가 중요한 이유는 그동안 읽은 것들이 나의 우주를 만든다는 사실 때문입니다. 누구도 자기의 우주 바깥으로 나가 살 수는 없습니다. 우리는 오직 자기가 만든 우주 안에서만 숨 쉬고 생각하며 살 수 있어요. 책을 읽는다는 건 그 우주의 경계를 더 넓게 밀어 가며 확장하는 일입니다. 그렇게 해서 자기의 우주가 넓어지면 그만큼 운신의 폭이 넓어지니 자유로워지는 것이고요. 그래서 나는 책 읽기를 자기만의 우주를 창조하는 것이라고 말하곤 합니다.

그렇다면 책을 아주 안 읽거나 읽더라도 조금만 읽은 사람의 우주는 어떤 모양을 하고 있을까요? 아마도 독방같이 협소한 공간일 가능성이 크지 않을까요? 그 사람은 어쩌면 자기의 우주가 그런 좁고 누추한 곳이라는 사실조차 알지 못한 채 살아갈지도 모릅니다.

나는 "책을 읽을 때 우리는 그 책을 읽기 전과는 다른 사람이 된다"고 말합니다. 달라질 수밖에 없는 게 실제로 뇌 구조 자체가 변하거든요. 우리의 뇌 구조는 우리가 어떤 삶을 사느냐에 따라 그 형태가 변합니다. 이런 얘기를 처음 들어본다는 사람도 있겠지만 사실입니다.

런던 블랙 캡Black Cab 택시의 운전기사들은 신속하게 도시 안의 어느 목적지로든 이동할 수 있는 능력으로 유명합니다. 런던에서 운전기사가 되려는 사람은 책 크기만 한 음성지도가 달린 스쿠터를 타고 거리 구석구석을 머릿속에 그릴 수 있을 때까지 몇 번이고 런던 시내를 헤매고 돌아다녀야 한다고 합니다. 자격증 시험도 몇 달이 걸리고, 자격증을 따는 데도 보통 2년이나 걸린다고 해요. 굉장히 어려운 시험인 거지요.

런던 유니버시티 칼리지 신경과학자들은 이렇게 어려운 시험을 거치고 자격증 공부를 하면서 택시기사들의 뇌가 어떻게 변하는지 알아보려고 연구를 했습니다. 일반인 50명과 택시기사 50명을 뽑아서 자기공명영상MRI으로 뇌 구조를 자세하게 관찰해 보았던 거지요. 그랬더니 단 하나 기억을 관리하는 부분인 해마가 달랐다고 합니다. 일반인들보다 택시기사들은 해마 후방 끝이 더 컸고, 전방 끝이 더 작았다고 합니다. 해마라는 부위는 인간과 동물의 공간탐지와 관련된 부위입니다. 그런데 그 부위에서만 차이를 보인 겁니다. 택시기사들과 마찬가지로 시험공부에 몰입하는 의과 대학생들의 뇌 역시도 해마에서 차이가 발견되었다고 합니다.

그러니까 책을 읽을 때도 우리의 뇌는 바뀐다는 거지요. 내가 책을 40년 동안 읽어 왔으니 내 뇌는 책을 이만큼 읽지 않은 사람의 뇌와는 확실히 다를 겁니다. 아마도 그런 이유로 책을 빨리 읽고, 많이 읽을 수 있는 흡수력이 커지지 않았을까 생각합니다. 또 내가 책을 읽는 방식이 다른 사람들과는 좀 다른 것 같기도 합니다. 그렇지 않으면 그렇게 많은 책을 읽을 수는 없거든요.

책을 손에 쥐고 읽는 동안, 나는 깊은 몰입 상태에 들어갑니다. 책에 빠져들어서 적어도 그 순간만큼은 다른 세상을 잊어버리는 거지요. 먼지가 가라앉듯이 미래에 대한 근심, 죽음에 대한 불안이 고요히 가라앉습니다. 책이 나의 내면을 고요하게 하고 정화해 주는 거지요. 또 끊임없이 나 자신을 성찰하게 하고 내 안의 흐트러졌던 부분을 다시 여미게도 합니다. 그렇게 책을 읽는 동안 여러 가지 변화를 겪게 되는데, 그것이 지적인 부분이든 영적인 부분이든 성장의 계기가 된다고 생각합니다.

책을 읽는다는 건 매우 놀라운 일이기도 합니다. 앨런 제이콥스 Alan Jacobs는《유혹하는 책 읽기 The Pleasures of Reading in an Age of Distraction》에서 이 놀라움에 대해 이렇게 말합니다.

> 망막을 자극하는 이미지들이 좌측 후두측두 열구의 가장자리로 전달되고, 해독된다는 것은 정말 놀라운 일이다. 그곳에서 해독된 내용이 눈물샘을 자극하거나, 웃음을 유발하거나, 사랑하는 엄마와 이별해서 지극히 우울한 소년에게 단 몇 시간이라도 즐거움을 줄 수 있다는 사실도 놀라운 일이다.

책 읽기란 책을 펼쳐 놓고 하는 판독과 해석의 동시적 작동입니다. 책을 읽을 때 우리는 활자가 인쇄한 단어들과 문장들을 눈으로

재빠르게 훑어봅니다. 편의상 눈이라고 했지만 더 정확하게는 망막이고, 그 중심을 안와라고 합니다. 이곳에는 빛에 반응하는 고해상도의 세포들이 밀집되어 있어요.

책을 읽는 건 바로 이 안와를 통해 불러들인 정보를 판독하면서 동시에 해석하는 것입니다. 그런데 우리는 책을 읽을 때 단어들을 한 번 읽는 것으로 끝나는 게 아니라 다시 살펴보고 문맥 속에서 그 단어들의 의미를 반추하게 됩니다. 이것이 바로 뇌에서 일어나는 정보처리 과정입니다. 앨런 제이콥스는 이것을 아무 마찰력 없이 굉장히 빠른 속도 속에서 일어나는 일종의 "광학적 춤"이라고 표현합니다. 책 읽는 사람의 동공이 아주 빠르게 움직인다는 얘기이지요. 믿을 만한 뇌 과학자들에 따르면, 이 모든 일들이 '좌측 후두측두 열구'에서 일어난다고 합니다. 책을 읽는 동안 이 모든 복잡한 과정이 동시에 이루어진다는 게 정말 놀랍지 않습니까?

인생을 알아 갈수록
책을 가까이한다

산다는 것은 무엇일까요? 아마 이렇게 압축해서 말할 수도 있지 않을까요?

인간이라는 직업을 직접 살아 낸다는 것은 인생의 우여곡절을 감내할 수 있게 돕는 삶의 기술을 체득하여 늘 좀 더 깊이 기쁨을 향해 나아가는 것입니다. 산다는 것은 피치 못할 시련을 당해 내고 역경에 맞부딪치고 불확실성을 감당하는 일입니다.

알렉상드르 졸리앵Alexandre Jollien이 《인간이라는 직업Le Métier

내가 읽은 책이 곧 나의 우주다

D'Homme》에서 한 말입니다. 그의 말대로 살아 낸다는 것은 역경에 맞부딪쳐 그것을 극복해 내는 일입니다. 그리고 삶과 운명이 품은 불가해함과 불확실성을 견디고 감당해 내는 일이기도 하고요. 우리가 삶의 시련과 역경에 맞설 때, 책은 분명 도움이 됩니다. 더러는 위안을 주고, 더러는 용기를 북돋우고, 더러는 지혜를 주기도 하지요. 그래서 인생을 알아 갈수록 더욱 책을 가까이할 수밖에 없습니다.

가끔 '왜 사람들은 책을 안 볼까?'라는 생각을 합니다. 아마 여러 가지 이유가 있겠지요. 우선 많은 사람들이 시간이 없다는 이유를 댑니다. 현대인들은 대부분 '문명의 가속도'에 포획되어 있으니, 책 읽을 시간이 없다는 것이 거짓말은 아니겠지요. 하지만 우리가 책과 멀어지게 된 데는 그보다 더 근본적인 이유가 있다고 생각합니다. 많은 사람들이 책에 대한 흥미를 잃은 탓에 책을 멀리하고 있습니다. 왜 사람들이 흥미를 잃었을까요? 책 읽기가 살아가는 데 아무 도움이 되지 않는다는 생각이 깊어지게 된 게 그 근본 이유가 아닐까요?

삶의 외압이 커지니까, 많은 사람들이 그만 그것에 정신을 놓아 버리고 맙니다. 그날 하루에 해야 하는 틀에 박힌 일과의 수행만으로도 벅차다고 느끼며 살아가는 사람들이 많습니다. 가혹한 삶에 가까스로 매달려 있는 형국이지요. 그런 사람들에게 책 읽기는 매우 사치스러운 취향으로 비칠 수도 있어요. 책 읽기를 살아가는 데 필요한 것으로 생각하지도 않고요. 나는 그들이 그렇게 생각하는 것은 책 읽기의 본질이나 그 행위 이면에 숨겨진 지고한 기쁨 따위를 모르기 때문이라고 생각합니다.

그렇다고 해서 그들에게 책 읽기를 강제할 수는 없는 일입니다. 책을 읽는다는 것은 무엇보다 자유로워야 하고, 자유를 얻는 과정이어야 하기 때문입니다. 책 읽기를 강제할 때 그것의 즐거움은 다 사라지고 말거든요. 다만 사람들이 책을 읽으면서 얻을 수 있는 것이 싸구려 행복이 아니라는 것은 알았으면 합니다. 책 읽기는 우리를 더욱더 심오한 충만으로 이끄는 청정한 도락입니다.

내 생각에 책보다 더 값싼 비용으로 살아가는 데 필요한 지식과 정보, 삶의 기술을 얻는 방법은 없어요. 그런데 많은 사람들은 책 대신 인터넷 검색에 기대고 그것만으로도 충분하다고 생각합니다. 하지만 인터넷에서 찾은 지식은 정보의 조각들에 지나지 않습니다. 정보가 만들어지는 데 비교적 짧은 시간이 소요된다면, 지식이 형성되는 데는 더욱 긴 시간이 필요합니다. 당연히 정보보다 지식이 더 정교하고 전문화되어 있으며 계통화된 것이지요. 그것보다 더 높은 단계는 지혜일 테고요. 물론 우리가 최종적으로 구해야 할 것은 지혜입니다. 그런데 거기로 가기 위해서는 먼저 지식이 바탕이 되어야 합니다.

나는 살아가는 데 필요한 지식을 얻기 위해서 정말 많은 책들을 읽습니다. 1년에 사들이는 책이 대략 천 권쯤 될 거예요. 일주일마다 사과 상자 하나에 들어갈 정도의 책들이 택배로 도착하니까요. 보통 사람들의 잣대로 보자면 굉장히 많이 읽는 셈이지요. 나는 온라인 서점에 들어가 새 책의 제목을 훑어보기도 하고, 일간지의 주말 북 섹션도 눈여겨봅니다. 그런 식으로 요즘 어떤 신간들이 나오는지 그 흐름을 놓치지 않고 따라가려고 노력합니다. 그런 다음 살펴본 도서 목록 중에서 필요한 책들을 주문합니다.

나에게는 읽는 것 자체가 생활의 일부예요. 눈 뜨고 시간 있을 때는 항상 책을 들여다봅니다. 아주 오래된 습관이고, 심하게 얘기하면 활자 중독증이라고 말할 수도 있겠지요. 이제는 책 읽기가 습관을 넘어서 본성으로 각인된 게 아닌가 싶기도 합니다. 물론 이런 습관이 하루아침에 생긴 건 아니고 수십 년에 걸쳐서 만들어진 것입니다. 그래서 지금은 이런 생활이 아주 익숙합니다.

내가 책 읽기를 시작한 청소년기는 방황과 암중모색의 시기였습니다. 나름 어떻게 살아야 할까, 라는 문제를 껴안고 깊이 고뇌했지요. 그 해답을 찾기 위해 무엇이든 가리지 않고 책을 읽었고요. 한 마디로 잡학과 남독濫讀의 시기였습니다. 여러 한국문학 전집들을 독파하고, 프리드리히 니체Friedrich Nietzsche의 《차라투스트라는 이렇게 말했다Also sprach Zarathustra》, 헤르만 헤세Herman Hesse의 《데미안Demian》, 앙드레 지드André Gide의 《지상의 양식Les nourritures terrestres》등을 읽었습니다.

그렇게 청소년기를 보내고 질풍노도와 도약의 시기인 이십 대가 왔습니다. 그때는 국립도서관과 시립도서관 등을 다니며 책을 읽었는데, 때로는 서울 종로에 있던 대형서점들을 순례하기도 했습니다. 다양한 시인들의 시집들, 가스통 바슐라르Gaston Bachelard와 니체의 책들, 김우창과 김현, 사르트르와 카뮈, 하이데거, 위르겐 하버마스 등을 찾아 읽었습니다.

청년기의 방황을 거쳐 사십 대에 이르러서는 좌절과 변화의 시기를 맞게 되었습니다. 가장 큰 변화라면 오랜 서울 살림을 접고 경기도 안성으로 거처를 옮겼다는 것입니다. 안성으로 내려와서 본격적으로 동양 고전을 공부하기 시작했는데, 노자老子의 《도덕경道德經》을 비롯해, 《장자》,《논어》와 같은 책들을 열심히 읽은 기억이 있습니다. 그 후 안성에 전원주택을 짓고 평화롭고 안정된 오십 대를 보내게 되었지요. 그곳에서 《주역》,《벽암록》,《금강경》을 비롯한 '선'에 관한 책들, 화엄 사상에 관한 책들, 자연과학, 물리학 책 등을 찾아 읽었습니다.

사람들은 흔히 책을 읽는 이유를 유용함이나 실용성의 측면에서 찾습니다. 그런데 나는 독서를 할 때 그런 현실적이고 실용적인 목적을 중요시하지는 않아요. 내게 목적 없는 책 읽기야말로 무상의 기쁨이기 때문입니다. 책 읽기는 순전한 도락이고, 자기 수련의 한 형식이기도 합니다. 당장 써먹기 위해서 책을 읽기보다는 생활의 일부, 오래된 습관으로 책을 읽어 내는 것이지요. 책 읽기는 당장 시급한 생물학적 필요에 대한 응답이 아니거든요. 어찌 보면 실용성 제로에 가까울지도 모릅니다. 그런데 왜 내가 책을 읽을까요? 그것은 쓸모없음의 쓸모 때문입니다.

왜 인간이 위대해졌을까요? 나는 그 이유를 인간이 쓸모없는 일에 몰입할 수 있었기 때문이라고 생각합니다. 이를테면 시, 그림, 음악, 춤, 인문학 따위가 다 그렇습니다. 동물들은 철저하게 타고난 본성에 충실하고, 목전의 필요에만 반응하지요. 동물들이 본성과 지금의 필요를 벗어난 것에 관심을 보이는 경우는 거의 없어요. 하지만 인간은 자기 본성과 지금의 필요 너머, 쓸모없는 일들에도 관심을 둡니다. 상상과 놀이에 빠지고, 재미를 찾아가는 거지요. 바로 이 점이 동물과 인간을 가르는 차이점이라고 생각합니다. 이런 특징 때문에 인간은 문명의 창조자가 될 수 있었던 것입니다.

같은 책을
여러 번
읽는 이유

지금까지 매우 많은 책들에 대해 얘기해왔습니다. 그중에는 질 들뢰 즈Gilles Deleuze, 발터 벤야민Walter Benjamin, 스피노자, 니체 같은 묵직 한 철학자들의 책들도 있습니다. 얕은 지식을 가지고 이런 어려운 책을 쓸 수는 없는 법입니다. 이 책들은 저자들이 삶의 본질이나 궁 극적인 것들에 관해 깊이 성찰하고 오랫동안 공부해 온 것을 쏟아 낸 작품들입니다. 이런 책들은 읽어 내기가 쉽지는 않지만, 끝까지 읽어 냈을 때 얻을 수 있는 보람이 큽니다. 또 이런 책을 읽을 때면 자아와 자아가 부딪치면서 일어나는 섬광 같은 것이 있어서 정말 흥 분되기도 합니다.

내가 읽은 책이 곧 나의 우주다

이런 책들은 한 번 읽어서는 그 내용이 머리에 다 안 들어오는 경우가 많습니다. 그래서 여러 번 읽습니다. 대표적으로 질 들뢰즈와 펠릭스 가타리Felix Guattari가 공저한 《천 개의 고원Mille plateaux : capitalisme et schizophrenie 2》 같은 책은 정말 여러 번 읽었습니다. 이 책의 번역본이 2003년에 나왔는데, 나는 그전부터 이 책의 제목을 듣고 무슨 내용인지 궁금했습니다. 하지만 프랑스어로 된 책을 읽을 만한 어학 실력이 안 되어서 책이 번역되기만 기다렸지요. 그러다가 드디어 책이 번역되어 나왔고, 정말 기쁜 마음으로 달려가 책을 샀습니다. 그런데 책을 읽고 나서 엄청난 충격을 받았어요. 무슨 소리인지 한 마디도 알아들을 수가 없었거든요. 그리고 두 번째로 충격을 받은 게, 이제까지 어떤 책에서도 볼 수 없는 내용이었다는 겁니다. 그래서 그 후로 여러 번에 걸쳐서 이 책을 읽고 또 읽었습니다. 그러는 동안 나도 모르게 사유의 폭이 넓어지고, 글쓰기도 훨씬 더 풍요로워졌지요.

이 책 전체를 통독한 게 적어도 세 번은 넘을 거예요. 부분적으로 읽은 건 수십 번이 넘고요. 거의 10년 정도는 이 책을 손에서 놓지 않았으니까요. 《천 개의 고원》이 천 쪽이 넘는 책인데, 그걸 여러 번 통독하다 보니 책이 헐어서 새 책을 한 권 더 마련하기도 했습니다. 또 이 책을 해설하는 2차 텍스트들도 나오는 대로 사서 다 읽었어요. 다른 사람들은 이 책을 어떻게 이해했는지 견줘 보기도 하면서 내 생각을 발전시키는 과정이었습니다.

　같은 책을 여러 번 읽으면 전에는 몰랐던 새로운 것들을 발견하게 됩니다. 같은 책이어도 언제, 어떤 상황에서 읽느냐에 따라서 다른 느낌을 얻게 되거든요. 읽는 속도에 따라 책에 대한 이해가 달라지는 경우도 있어요. 모든 책을 빨리 읽어야만 되는 건 아니고, 반대로 모든 책을 천천히 정독할 필요도 없습니다. 책은 저마다 그 책이 갖고 있는 지식 수준과 밀도에 알맞은 적정 속도로 읽으면 된다고 생각합니다.

　책을 읽는 행위에는 크게 두 가지 측면이 작동해요. 가토 슈이치加藤周一는 《독서 만능讀書術》에서 이 두 가지를 "눈으로 글자를 쫓는 생리적인 면과, 문자들의 연속에서 의미를 짜맞추어 가는 심리적인 면"이라고 설명했습니다. 둘 중에서 의미를 짜맞추어 가며 읽는 심리적인 속도는 책의 지적 수준에 의해 결정됩니다. 쉽게 말하면, 자기의 지적 수준을 넘는 어려운 책은 천천히 읽어야 한다는 겁니다.

　내 독서 습관 중 하나는 책에 밑줄을 긋거나 메모를 하거나 접거나 하지 않는다는 겁니다. 그래서 읽은 책들은 대체로 깨끗해요. 사람들은 책을 읽으며 줄도 긋지 않고 메모도 하지 않는 나를 보고 의아하게 생각하기도 합니다.

　나도 젊었을 때는 책을 읽을 때 귀퉁이를 접거나 줄을 긋거나 여백에 떠오른 대로 뭔가를 써놓기도 했어요. 그런데 시간이 지나면서 그게 쓸모없다는 걸 깨달았습니다. 그보다는 읽는 일에 온전하게 집중하는 게 중요하다는 걸 안 거지요. 같은 책을 두 번째로 읽을 때 처음에 미처 읽지 못하고 놓쳤던 부분들을 새롭게 발견하고 싶다는 생각을 하기도 했고요. 그러려면 당연히 책이 깨끗해야 합니다. 만약 책에 줄을 그어 놓으면 다시 읽을 때 그 부분에서 눈길이 멈추고 거기서 생각이 더 나아가지 못해요. 무엇보다 밑줄을 긋거나 메모를 하는 것 자체가 독서의 흐름을 방해하기도 하고요.

책 읽기는 흐름이에요. 즉 생각과 느낌의 흐름이라는 말이지요. 책의 문장과 문장을 훑어 나가며 자기의 생각이 쭉 흘러가야 합니다. 그런데 줄을 긋고 메모를 하면 흐름이 그 순간 끊기게 됩니다. 그래서 나는 책을 읽을 때 어떤 구절에 밑줄을 긋거나 메모를 하거나 접거나 하지 않아요.

또 책을 읽을 때 관련된 분야의 책을 한 권만 읽는 게 아니라 여러 권을 겹쳐 읽습니다. 보통 대여섯 권씩 함께 읽는데, 그렇게 하면서 각각의 책에서 말하는 지식과 정보들을 비교하며 교집합을 찾아내는 거지요. 또 함께 읽다 보면 책마다 지식의 차이가 나타나는데, 그 차이의 기원을 꼼꼼하게 따지고 맥락을 세워 가며 사유하기도 합니다. 그렇게 읽어야 균형 잡힌 관점에서 사물이나 현상을 보는 데 도움이 되거든요. 이런 식의 책 읽기를 '맥락의 책 읽기'라고 할 수 있습니다.

흔히 사람들은 모든 책들이 오류가 없을 거라고 생각해요. 사실은 어떨까요? 많은 책들이 잘못된 지식을 말하고, 의도하지 않은 오류들도 많이 있어요. 우리가 그것들을 생각 없이 받아들이면 책을 통해 오히려 잘못된 지식과 정보를 습득할 수가 있습니다. 그걸 피하기 위해서라도 같은 분야의 책들을 상호 비교하면서 읽을 필요가 있습니다.

글쓰기의 동력,
책 읽기

나는 책을 읽을 때 편식하지 않으려고 노력합니다. 그래서 다양한 분야의 책들을 매우 광범위하게 구해서 읽어요. 인문학은 물론이거니와 건축, 미술, 음악, 축구, 요리…… 분야를 가리지 않고 읽습니다. 무엇보다 독창적인 생각이 담긴 책들을 찾아서 읽으려고 노력하고요.

그렇다고 해도 책 읽기의 중심축은 역시 인문학입니다. 문학과 철학, 역사 분야의 책을 많이 읽고, 거기에 자연과학, 우주나 천체, 진화생물학, 동식물의 생태를 다룬 책들도 읽어야 합니다. 그렇게 좋아하고 관심 가는 주제를 다룬 책들을 찾아서 읽다 보면 자연스럽게 독서의 저변이 넓어집니다.

요즘에는 요리와 관련된 책들도 재미있게 읽고 있습니다. 나는 우리의 상상력을 자극하고 영감을 주는 게 요리책이라고 생각해요. 인류는 불을 다루고 불로 익힌 음식을 먹게 되면서 엄청난 변화를 겪게 됩니다. 화식을 하게 되면서 대뇌가 커지고 현생 인류가 만들어지게 되지요. 이렇게 화식은 문명 발달에서 획기적인 사건입니다. 무엇보다 먹는다는 것은 인간의 본질을 규명하는 핵심 요소이기도 하고요. 무엇을 먹느냐, 그걸 어떻게 먹느냐를 따라가면 그 사람이 어떤 존재인지가 적나라하게 드러납니다.

특히 요리하는 사람들의 책을 읽으면, 추상적이고 관념적이던 삶의 본질이 감각의 형태로 확실하게 드러나는 걸 느끼게 됩니다. 그래서 요리와 관련된 책들을 좋아하게 되었어요.

좀 특이하게 축구와 관련된 책도 읽는데, 축구 같은 스포츠도 인간의 본질적인 부분과 닿아 있다고 생각하기 때문이에요. 인간이 수렵하고 부족 간에 전쟁을 벌이던 시절부터 내면에 갖고 있던 공격적인 본성을 지금은 축구가 대신 해소해 주고 있거든요. 축구 선수들이 경기장에 들어서면 테스토스테론Testosterone이라는 남성 호르몬 수치가 엄청나게 상승한다고 합니다. 또 관중도 덩달아 남성 호르몬 수치가 상승하는데, 그 이유는 아마 선수와 자신을 동일시하기 때문이겠지요. 그래서 축구라는 현상을 들여다보는 것이 재미있어요. 또 나는 비흡연자이지만 흡연에 대한 인문학적 연구를 다룬 책들도 열심히 찾아 읽습니다. 사람들이 왜 백해무익한 담배를 저렇게 피워대는 것인지 늘 궁금하거든요. 담배가 재배되고 생산되고 유통되는 과정이나 흡연 행위에 대한 사람들의 경험, 그 모든 것들의 인문학도 흥미롭고요.

내 서재에는 책들이 많지만, 지금도 온라인 서점에서 매주 한 상자나 두 상자씩 책이 배송되어 옵니다. 그걸 빼놓지 않고 읽으려고 애쓰지요. 지금도 새로운 책을 받을 때마다 여전히 설레고 흥분됩니다. 그런데 이렇게 책이 충분하고 혼자 책 읽기에 적합한 공간이 있더라도, 한 가지 더 필요한 게 있어요. 그것은 바로 건강입니다. 몸과 마음이 건강하지 않다면 책을 읽어 낼 수 없거든요.

책을 잘 읽으려면 신체적인 상태가 아주 중요합니다. 그래서 나는 늘 건강한 생활 방식을 유지하려고 노력하는 편입니다. 날마다 1만 보 이상을 걸으려고 하는데 산책을 나가서도 자주 서점을 들르곤 합니다. 내 글쓰기의 동력은 전적으로 책 읽기에서 나오기 때문에 책을 잘 읽기 위한 몸 상태를 유지하는 데 신경을 쓰는 거지요. 책을 읽기 위해서는 척추를 바로 세우고 몇 시간 동안 집중할 수 있는 체력이 필요합니다. 나는 원래 몸이 약했는데, 젊은 시절에 수영을 하면서 몸을 단련했어요. 그 뒤로도 단전호흡과 명상을 하고, 늘 긍정적인 마음가짐으로 살아가려고 노력하면서 몸이 몰라보게 건강해졌고요. 그 덕분인지 지난 30년 동안 치과를 한 번 가본 것 말고는 병원에 가본 적이 없습니다.

나는 감기에 걸려도 해열제나 항생제 같은 약을 먹지 않습니다. 감기 같은 병은 사실 굉장히 고마운 병이에요. '감' 자가 '느낄 감感' 자잖아요. 즉 기운을 느낀다는 거지요. '그동안 힘들게 고생했으니 그만 쉬어라' 하고 몸이 신호를 보내는 것이 감기예요. 몸의 무너진 질서를 되찾으라는 신호인 거지요. 그런데 거기다가 열난다고 해열제 먹고 항생제를 투약하면 몸이 가지고 있는 본래의 치유능력이나 면역체계를 다 무너뜨리게 됩니다. 최악이지요.

몸이 아프면 그저 몸이 보내는 신호대로 따르기만 하면 됩니다. 감기 기운이 있으면 우선 물을 충분히 마시고, 따뜻한 곳에서 잘 자고, 잘 먹어야 해요. 그렇게 감기를 잘 앓고 나면 몸속에 쌓인 독소나 노폐물이 빠져나가 몸이 가뿐해진 것을 느끼게 됩니다. 아플 때마다 약에 의존하게 되면 면역력이 점점 떨어져요. 그리고 결과적으로 쉽게 아픈 몸이 됩니다. 그래서 아플 때는 내 몸이 스스로 병을 떨치고 일어날 때까지 가만히 기다려 줍니다. 몸은 충분히 그럴 만한 자생력을 갖고 있다고 믿으니까요.

삼십 대에는 술을 많이 마시고, 열정적으로 일하던 시절이라 무리를 한 탓에 잔병을 달고 살았어요. 하지만 사십 대 이후로는 술을 안 마십니다. 담배는 처음부터 안 피웠고요. 거기에 노자나 장자, 동의보감 같은 책을 읽으면서 동양의 양생법 같은 것을 자연스럽게 공부하게 되더군요. 또 체질론 같은 책을 공부하다 보니까 내 몸에 대해 더 잘 알게 되고, 그렇게 얻은 지식으로 내 몸을 어느 정도 통제할 수 있게 되었습니다.

지금처럼 역동적으로 책을 읽고 글을 쓸 수 있는 시간은 앞으로 10년 정도일 거라고 봅니다. 나이가 들면 몸도 생각도 쇠락하겠지요. 그에 따라 뇌의 융합 능력이나 지력 따위도 함께 떨어질 거고요. 또 언제까지나 책만 쓰고 싶지는 않아요. 지금보다 삶의 속도를 늦추겠다는 생각을 자주 하거든요. 한가롭게 빈둥거리며 죽기 전에 삶의 숙고를 담은 단 한 권의 마지막 책을 쓰는 게 꿈입니다. 하지만 지금은 내 안에 용암이 터져 나오는 것처럼 계속 무언가를 쓰게 됩니다. 그래서 나날의 삶이 읽고 쓰는 것에 맞춰져 있습니다.

2장.

나만의 서재를
꾸미는 즐거움

우리가 물질적인 것에서 벗어나

자아를 돌아보고 자기 성찰적 삶을 살려면

무엇보다도 먼저 '나만의 서재'를 가져야 합니다.

서재는 지적 상상력을 낳는 공간일 뿐만 아니라

인생이라는 최전방에서 베이스캠프와 같은 역할을 합니다.

정말 힘들 때 마음을 내려놓을 수 있고,

창의력이 고갈했을 때 자신을 충전할 수 있는 공간.

그곳이 바로 서재입니다.

나만의 서재를 꾸미는 즐거움

3만 권의
장서 속에서
살다

나는 사람들에게 책 사는 데 돈을 아끼지 말라고 말합니다. 내 경우
엔 당장 필요하지 않지만, 나중에 필요할 것 같다는 판단이 서는 책
들은 먼저 사들입니다. 책을 사들이는 자체가 이미 지적생활을 영위
하는 거라고 생각해요. 장서로 가득 찬 서재는 창조의 산실이고, 지
적 역량을 키우는 도량道場이에요. 서재란 그 사람만의 도서관이라
고 할 수 있습니다. 서재가 있다면 그 안에서 자기만의 시간을 누리
고 고요함에 머물며 사색할 수 있으니까요.

　그러므로 지적으로 풍요한 삶을 누리고자 한다면 무엇보다도 먼
저 자기만의 서재를 갖추어야 합니다. 평론가인 와타나베 쇼이치渡

　　　　　　　　　　　　　　内가 읽은 책이 곧 나의 우주다

部昇一는《지적 생활의 발견知的生活の方法》에서 "자신만의 라이브러리를 꾸미는 즐거움"을 얘기합니다. 자기만의 도서관을 꾸미는 즐거움을 모른다면 과연 진정한 교양인이라고 할 수 있을까요? 그는 이렇게도 말했습니다. "지적 생활이란 꾸준히 책을 사들이는 삶이라고 할 수 있다." 자기만의 도서관을 꾸미는 즐거움을 느끼고 싶다면 먼저 책을 가지런히 정리해 둘 수 있는 공간을 집 안에 확보해야 합니다. 그런 다음 그곳에 서가를 들이고 그 서가에 꽂을 만한 책을 모아야겠지요.

책을 모으는 가장 좋은 방법은 당연히 책을 사들이는 겁니다. 다른 사람으로부터 책을 기증 받는 방법도 있겠지만, 그것보다는 자기가 원하는 책들을 한 권씩 골라 서가를 채우는 기쁨을 누려야 해요. 그래야만 자기를 위한, 자기만의 서재를 완성할 수 있습니다.

내 경우도 서재를 갖춘 뒤 분명 책 쓰기에 탄력이 붙었어요. 서재에 책들이 있으니 필요한 자료를 찾기 위해 들이는 시간을 단축할 수가 있고, 책을 쓸 때 오롯이 집중하는 데도 도움이 됩니다. 실제로 글을 쓸 때 여러모로 도움이 되어서 서재가 지적 생산의 원천이라는 걸 톡톡히 실감할 수 있었습니다.

지금 서재에 꽂힌 책들이 얼마나 되는지 정확히 세어 보진 않았지만, 대략 3만 권 안팎에 이를 거라고 짐작하고 있습니다. 책 읽고 글쓰는 직업을 가진 사람이니까, 책을 이 정도 가진 건 당연하다고 생각해요. 책과 친밀할 수밖에 없는 작가로 몇십 년을 살았고, 한때 출판사도 경영하면서 자연스럽게 책이 많아졌습니다.

2000년 여름 40여 년 동안 이어 오던 서울 살림을 정리하고 경기도 남단 안성으로 이사했습니다. 커다란 저수지가 내려다보이는 빈터에 집 두 채를 짓고 한 채는 살림집, 다른 한 채는 서가로 꾸몄어요. 책이 한곳에 둘 수 없을 만큼 많았기 때문이기도 하고, 두 공간을 분리하고 싶은 생각도 있었습니다. 어쨌든 집을 짓고 나서 서가가 있는 곳은 온전히 책을 읽고 글을 쓰는 공간이 되었지요. 두 집은 마당을 사이에 두고 마주 보게 했습니다. 새벽에 깨어나면 잠을 자고 밥을 먹는 곳에서 책이 있는 서재로 건너갑니다. 그 건너감은 살림의 세계에서 일의 세계로 이동하는 것이라고 할 수 있습니다. 또 뜻 없이 되풀이되는 일상이자 의미 빈곤의 겉치레 세계에서 의미의 세계이자 사유와 본질의 즐거운 전장戰場으로 횡단해 가는 행위이기도 하고요.

한 사람이 3만여 권의 장서를 갖고 있다면 보통의 기준에서는 엄청난 것이지요. 그 많은 책들이 거저 내 손에 들어왔을 리는 없고, 당연히 이만한 양의 책들을 모으는 데 보통 이상의 노고와 돈이 들었습니다. 책을 사는 데는 돈을 아끼지 않았다고 말할 수 있어요. 책을 좋아하는 취향과 습벽이 내 존재의 일부가 되어 버린 것이지요.

나는 청소년기 때부터 꾸준히 책을 모았습니다. 읽을 만한 책을 사기 위해서 서울 청계천 일대의 헌책방들을 주기적으로 순례하기도 하고, 나중에는 서울 여기저기 흩어져 있는 헌책방들을 돌아다니며 계속 책을 사들였어요. 그렇게 이십 대에 꽤 많은 책들을 모았는데, 질풍노도의 시기를 거치는 동안 그 책들을 잘 지키지 못하고 다 잃어버렸습니다. 붙박이 삶을 살지 못하고 이곳저곳을 떠돌았으니, 책들도 어느 틈엔가 다 흩어져 버린 거지요. 그 뒤로 다시 책을 모았는데, 지금의 장서들은 그것을 기반으로 한 것입니다.

우리가 물질적인 것에서 벗어나 자아를 돌아보고 자기 성찰적 삶을 살려면 무엇보다도 먼저 '나만의 서재'를 가져야 합니다. 서재는 지적 상상력을 낳는 공간일 뿐만 아니라 인생이라는 최전방에서 베이스캠프와 같은 역할을 합니다. 정말 힘들 때 마음을 내려놓을 수 있고, 창의력이 고갈했을 때 자신을 충전할 수 있는 공간. 그곳이 바로 서재입니다.

크기는 중요하지 않아요. 만약 지금 당장 서재를 갖는 게 어렵다면 집의 작은 공간에 책장을 들여놓는 것만으로도 괜찮습니다. 사이토 다카시의 책 《독서는 절대 나를 배신하지 않는다大人のための讀書の全技術》에 이런 문장이 있습니다. "내가 가장 좋아하는 책을 꽂은 작은 책장을 만들어라." 그 작은 책장이 놓인 공간이 나만의 서재가 되는 것이지요. 움베르토 에코는 이렇게 말하기도 했습니다. "책을 사서 책장에 꽂아만 두어도 그 책이 머리에 옮겨 간다." 그의 말대로

책장을 들이고 좋아하는 책들을 꽂아 놓는 것만으로도 지적인 자극을 받을 수 있습니다. 누군가의 집에 책장이 없다는 것은 책을 읽지 않는다는 증거이고, 더 나아가 사유와 사색이 없는 삶을 살고 있다는 뜻은 아닐까요?

내게 서재는 봉쇄 수도원이기도 합니다. 책 읽는 사람으로 사는 자신을 돌아볼 때, 스스로 봉쇄된 수도원에 들어와서 수도하는 '수도자' 같다고 느끼거든요. 30여 년 동안 부지런히 발품을 팔아가며 수집한 장서들을 모신 '서재'라는 데가 그런 것 같아요. 서재는 침묵이 서린 공간이고, 지친 나의 영혼이 쉬고 재충전하는 쉼터이자 마음을 닦는 청정도량이지요. 또 자아를 돌아보고 성숙시키는 곳이기도 하고요. 책 읽기는 인간이 가진 유희적 본능 중 하나인데, 그것에 몰입할 수 있는 공간이 바로 서재입니다. 또 서재는 책을 읽고 글을 쓰는 곳이라는 의미를 넘어, 지식 융합을 통해 새로운 지식들을 창조해 내는 거점 공간이 아닌가 싶습니다.

내 서재의 책들은 특별한 계통 없이 꽂혀 있어요. 이렇게 책들이 체계 없이 마구잡이로 꽂혀 있다 보니 글을 쓰다가 참고할 책을 찾지 못해 다시 사는 경우도 종종 있어요. 그런 식으로 책들을 사들이다 보니 해마다 책값 지출도 만만치 않지요. 그런데도 계속 책을 사는 건 좋은 책들은 항상 책값보다 훨씬 더 많은 것들을 베푼다는 사실을 잘 알고 있기 때문입니다. 여기에는 단 한 번의 예외도 없습니다. 그래서 나는 책값을 치르는 데는 망설이지 않습니다. 흔쾌히 지갑을 열지요.

지금도 해마다 천 권에서 2천 권 정도씩 책이 늘고 있습니다. 서재에 책이 계속 늘어나서 별채에 마련한 서가가 꽉 차는 바람에 40평짜리 서고 건물을 새로 짓기도 했지요. 책이 많다고 하지만 지금 가진 것의 두 배 정도가 되어야 앞으로 글쓰기에 도움이 될 거라고 봅니다. 글을 쓰다가 필요한 책들을 찾다 보면 없는 것들이 많거든요. 그럴 때마다 참 아쉽지요. 만약 서재에 그 책이 있었다면 시간을 꽤 단축할 수 있었을 테니까요. 적어도 책이 8만 권에서 10만 권 정도는 되어야 서재가 지적 생산의 원천으로 작동할 수 있지 않을까 생각합니다.

시작은
나만의 독서 목록을
만드는 일

책을 고르는 나만의 기준이 있습니다. 독창적일 것, 재미있을 것, 그리고 새로운 사유를 담고 있을 것. 앤디 밀러Andy Miller는《위험한 독서의 해The Year of Reading Dangerously》에서 이런 책들을 일컬어 "걸작들"이라고 부릅니다. 물론 그의 말처럼 "걸작의 의미란 사람마다 다르고 또 책마다 다를 수 있음을" 아는 것도 중요하겠지요.

우리는 흔히 예술적 천재성을 드러내는 책들이나 시간의 혹독한 시험을 통과하고 살아남은 책들을 '고전'이라고 부릅니다. 이런 책들은 우리의 지적 성장을 돕는 형제나 자매 같은 존재예요. 사이토 다카시는 이와 관련해 독서를 '젖니 수준의 독서'와 '영구치 수준

내가 읽은 책이 곧 나의 우주다

의 독서'로 분류하기도 합니다. 전자의 책 읽기는 대개 흥미 위주의 목록이거나 많은 사람들이 읽는 책들로 한정됩니다. 반면 후자의 책 읽기는 더욱 수준 높은 책들을 골라 읽는 독서라고 할 수 있습니다. 즉 철학, 문학, 역사 분야에서 고전으로 평가받은 책들을 읽는 본격적 독서를 하는 단계입니다.

이런 본격적 독서의 단계에 들어서기 위해서는 먼저 평생 읽어야 할 독서 목록을 만드는 게 중요합니다. 사람마다 생활환경이나 지적 배경이 다르므로 그 목록이 똑같을 수는 없겠지요. 어떤 사람은 오십 권이 될 수도 있고, 또 어떤 사람은 백 권이 될 수도 있습니다. 천 권이 넘는 사람이 있을 수도 있겠고요. 몇 권이 되었든 책의 양과 관계없이 자기만의 독서 목록을 만들어 가는 것이 중요합니다.

책 읽기는 타자라는 거울을 빌려서 자기를 비춰 보는 과정이라고 할 수 있습니다. 자기를 돌아보고 성찰하면서 자기 생각을 확장하는 것이지요. 또 새로운 것과 접속을 하고 자기 삶에 대한 쇄신을 이루어 가는 과정이기도 하고요. 책 읽기를 통해 자기 삶을 보다 의미 있게 만들어 갑니다. 또 나뿐만 아니라 남에게도 도움이 되는 이타주의적인 삶의 중요성을 깨우칠 수도 있습니다. 한마디로 책 읽기란 좀 더 나은 사람이 되려는 하나의 방식이라고 생각합니다.

그런데 우리 사회는 지혜나 교양, 삶의 가치보다는 돈이 되는 실용적인 것을 추구하는 분위기이고 상당히 들떠 있습니다. 많은 사람들이 표피적인 욕망을 충족하는 데 목매고 있기도 하고요. 책보다는 부와 권력을 갈망하는 분위기라는 거지요. 따라서 좀더 책 읽는 분위기가 퍼지려면 우리 사회가 들뜬 분위기를 가라앉히고 더 정교한 지식을 장려하는 쪽으로 가야 한다고 생각합니다. 즉 지금의 들뜬 분위기를 책 읽는 사회의 분위기로 차분하게 바꿔 주는 노력이 필요합니다. 개인이나 지식인들이 이 과정에서 중요한 역할을 할 수도 있겠지만 사실 미디어의 역할이 더욱 중요합니다. 미디어가 대중을 설득하고 책과 가까워질 수 있는 사회 분위기를 만들어 주어야 합니다.

물론 사람마다 처한 사정이 다를 텐데, 그걸 무시하고 무작정 책을 읽으라고 권하거나 강제할 수는 없겠지요. 그건 온당치 않다고 생각합니다. 무엇보다 책 읽는 것은 자기가 좋아서 하는 일이기 때문입니다. 나도 좋아서 책을 읽었고, 그렇게 읽은 것들이 인생에 도움이 되어서 지금까지 계속 책을 읽고 있습니다. 그래서 책에도 그런 경험들을 쓰고 있는 거고요.

나는 스무 살 때 대학에 들어가는 대신 시립도서관에 가서 책을 본격적으로 읽기 시작했습니다. 한 3년 정도는 거의 날마다 출근하다시피 하면서 책들을 읽어 나갔어요. 내 인문학의 기초 소양과 사유하는 힘은 그때의 책 읽기를 통해 얻은 것들이에요. 그때 읽은 책에서 만난 좋은 문장들이 어떻게 나라는 존재의 성장에 보탬이 되었나를 고백하는 책을 내기도 했습니다. 그 책이 2009년에 '장석주의 문장예찬'이라는 부제를 달고 나온《지금 어디선가 누군가 울고 있다》라는 책입니다. 책의 서문에 나는 이런 글을 적었습니다.

> 이 세상에는 두 가지 종류의 책들이 있다.
> 내가 읽은 책들과 내가 읽지 않은 책들.
> 내가 읽은 책들은 다시 세 가지로 나뉜다.
> 산 책, 빌린 책, 훔친 책.
> 그 세 가지의 책들을 핥고, 물어뜯고, 씹고, 갈아 마셨다.
> 그것들은 내가 먹은 밥, 내가 마신 물,
> 그 이상도 이하도 아니었다.
> 어느덧 피가 되고 살이 되었다.

사람들에게 책 읽기의 유용함을 설득하고는 있지만, 이 책도 내놓고 '책을 읽어라' 하는 책은 아닙니다. 물론 그런 마음은 항상 가지고 있지요. 좋은 걸 나누고 싶은 마음.

사실 책 속에 이렇게 좋은 게 있는데 사람들이 왜 책을 안 읽는지 이해가 안 될 때가 있어요. 책을 읽으면 필요한 지식과 정보는 물론이거니와 밥도 얻고 이름도 알리고 명예도 얻을 수 있는데, 왜 이 좋은 걸 외면하는 걸까? 나는 책 읽기가 사람이 살아가는 데 필요한 모든 것을 구할 수 있는 가장 효율적인 수단이라고 생각해요. 책은 늘 너무나 많은 것들을 주는데, 왜 사람들은 책을 멀리할까? 나에게는 그게 늘 풀리지 않는 의문이었어요.

그래서 불경기에 가계의 도서구입비가 최저수준으로 떨어졌다는 기사를 볼 때마다 참 안타까워요. 어려운 때일수록 책이 더욱 필요한 법이거든요. 책은 지혜의 보고寶庫이기 때문이에요. 평범한 말로, 책 속에 길이 있다고 하는데 그 말을 정말로 실감합니다. 가훈이 '책 사는 데 돈 아끼지 말라'인데, 정말로 책 사는 데는 돈을 아끼지 않아요. 왜냐하면 책을 사는 데 들인 돈보다 그 책을 통해 얻는 것이 열 배는 된다고 생각하기 때문이에요.

모든 가구들이 책 사는 데 돈을 아끼지 않았으면 좋겠습니다. 책을 많이 읽을 수 있는 한 가지 방법은 돈을 주고 책을 사는 거고, 그렇게 산 책은 지금이 아니더라도 언젠가는 읽게 되기 마련입니다. 누구라도 책 읽기를 통해 자기의 감정생활이 풍부해지며 삶이 윤택해지고, 뭔가 모호했던 인생의 길이 환하게 보이는 경험을 할 수 있어요. 책에는 분명히 그런 힘이 있기 때문입니다.

나는 이런 책들을
읽어 왔다

그동안 정말 셀 수도 없이 많은 책을 읽어 왔지만, 그중에서도 내게 깊은 영향을 끼친 책 다섯 권에 대해 얘기하고 싶습니다. 십 대부터 오십 대에 이르기까지 내 인생의 중요한 기점이나 삶의 고비마다 가르침을 주고 이끌어 준 책들입니다.

첫 번째로 꼽고 싶은 책은 그리스의 국민작가라 할 수 있는 니코스 카잔차키스Nikos Kazantzakis의 《영혼의 자서전Report to Greco》입니다. 1979년도 신춘문예에 당선을 하고 나서, 어느 출판사에서 함께 일하자는 제안을 받았어요. 그래서 그 출판사의 편집부 말단으로 들어갔는데, 첫 번째 일감으로 주어진 것이 이 책의 교정지였습니다.

이 책은 이십 대에 내게 가장 큰 영향을 끼쳤던 '카잔차키스'라는 작가의 자서전이에요. 이 책의 교정을 보면서 놀라고 흥분했던 기억이 아직도 남아 있습니다. 당시에는 카잔차키스란 작가에 대해서 잘 몰랐지만 이 책을 읽으면서 비로소 그가 어떤 작가이고, 작가로 성장하는 데 어떤 생의 편력을 겪었고, 어떤 지적인 성숙의 과정을 거쳤는지를 알게 되었지요. 책을 읽고 나서 니체, 베르그송, 붓다, 레닌 등등 그야말로 동서 혹은 좌우 이념을 가리지 않는 작가들과 사상가들이 카잔차키스에게 영향을 주었다는 걸 알게 되었습니다. 2013년 여름, 그의 고향이자 무덤이 있는 크레타 섬을 방문하기도 했어요.

카잔차키스는 독서광입니다. 거기에 문명이 바뀌는 대전환기에 많은 경험들을 겪었고, 사상적·종교적 방황도 많이 했다고 해요. 그러다가 60세 무렵 《그리스인 조르바Vios ke politia tu Aleksi Zorba》라는 세계적인 역작을 써내게 되지요. 그 작품이 나오게 된 삶의 편력이 《영혼의 자서전》 안에 다 들어 있습니다. 이 책에 깊은 감명을 받고 그의 전집을 만들어 보자고 출판사 사장에게 건의를 해서 그 전집이 나오기도 했어요. '아, 이렇게 사는 삶도 있구나'라고 공감할 수 있는 책입니다.

앞에서도 얘기했지만 나는 2000년도에 오랜 서울 살림을 다 접고 경기도 안성에 집을 짓고 내려가 살게 됩니다. 서울에 살 때는 일에 몰두하며 그 나름대로 치열하게 살았는데, 삶의 장소를 시골로 옮기니까 갑자기 유배된 느낌 같은 게 밀려왔지요. 외롭고 쓸쓸하고, 경쟁에서 낙오되고 패배자가 된 느낌이 들었습니다. 그러면서 알 수 없는 대상을 향한 분노 같은 것들이 생기더라고요. 그때 '아, 이렇게 살아선 안 되겠다' 싶어서 잡은 책이 노자의 《도덕경》입니다. 이 책을 읽으면서 많이 위로도 받고 마음의 평화를 얻을 수 있었습니다.

노자라는 인물은 기원전 570년에서 479년 사이에 중국에 살았던 철학자입니다. 흔히 노자와 장자를 묶어서 노장사상이라 부르는데, 노자를 잘 모르는 사람도 한 번쯤 들어봤을 것으로 생각합니다. 노자의 《도덕경》은 총 81장으로 되어 있는데, 크게 '도경'과 '덕경'으로 나누어져 있어요. 분량이 생각보다 그리 많지가 않습니다. 하루면 통독할 수 있을 정도의 분량인데, 시골에 살면서 이 책을 백 번 이상 읽으며 날마다 경전처럼 마음을 다독이고 수행하는 도구로 썼습니다. 무엇보다 동양 철학의 정수가 녹아 있는 책입니다. 그런 점에서 인생을 살아가면서 누구나 한 번쯤은 읽어 볼 가치가 있는 책이라고 생각합니다.

다음으로 꼽고 싶은 책은 독일 철학자 프리드리히 니체의 《차라투스트라는 이렇게 말했다》입니다. 나는 열아홉 살 때 이 책을 읽었습니다. 뜻도 알지 못한 채 읽었는데, 그때가 한참 방황하고 있을 무렵이거든요. 그때 나한테 삶의 용기를 준 것이 이 책입니다. 삶에 대한 무한한 긍정, 운명에 대한 각성, '차라투스트라'라는 니체가 창조한 인물의 목소리를 통해서 뭔가 대단한 것과 만났다는 흥분으로 격앙되었지요. 또 삶에 대한 열정과 의지가 마구 솟아나는 걸 느꼈어요. 그래서 실의와 절망 속에서 방황할 때 나를 붙잡고 세워 준 책으로 이 책을 기억합니다.

이십 대 초반 시립도서관 참고 열람실에 가서 서양 철학자들의 책을 많이 읽었습니다. 그중에서 가장 크게 영향을 받은 게 니체와 바슐라르였어요. 일종의 황홀경 같은 걸 느끼면서 그들의 책을 읽던 기억이 납니다. 김현과 김우창 선생의 책들을 읽으면서 내 공부가 얼마나 하찮은가를 깨달으며 엄청난 지적 자극과 충격을 받기도 했고요.

나중에 '고려원' 편집장 자리를 박차고 나와 출판사를 차린 것도 '니체 전집'을 새로 번역해서 내야겠다는 결심 때문이었습니다. 일종의 보은報恩이었던 거지요. 특히 《차라투스트라는 이렇게 말했다》는 읽을 때마다 새로운 영감과 아이디어를 주는 금맥 같은 책입니다. 만약 지금 방황하고 있는 스무 살을 앞둔 청년들이 있다면 이 책을 한번 읽어 보라고 권하고 싶습니다.

프랑스 철학자들인 질 들뢰즈와 펠릭스 가타리가 공저한 《천 개의 고원》이란 책도 빼놓을 수 없습니다. 2003년도에 이 책의 번역본이 나왔는데, 굉장히 기다리던 책이라 출간되자마자 바로 서점에

내가 읽은 책이 곧 나의 우주다

가서 샀던 기억이 납니다. 천 쪽이 넘는 굉장히 두꺼운 책입니다. 서점에서 이 책을 사서는 읽어 보겠다고 야심차게 덤볐는데, 처음에 망치로 뒤통수를 얻어맞은 것 같은 충격을 받았어요. 분명히 우리말로 되어 있는 책인데도 무슨 얘기를 하는지 하나도 모르겠더라고요. 두 철학자가 생소한 철학 개념들을 끊임없이 만들어서 쓰는, 매우 낯선 방식 때문이었습니다.

이 책은 '고원'들에 관한 책입니다. 두 철학자는 "리좀rhizome은 중간에 있지 시작이나 끝에 있지 않다, 리좀은 고원들로 이루어져 있다"라고 써요. 두 사람은 각각 다른 연호年號를 가진 열다섯 개의 고원을 탐색해요. 그 고원들은 진화, 기호, 신체, 전쟁, 국가, 기술 따위의 다양한 주제들로 구성되어 있습니다. 그나마 니체나 스피노자, 정신분석학 책들을 먼저 읽어 두어서 접점이 좀 있었던 게 다행이었어요. 포기하지 않고 '그래? 그러면 이 책을 좀 제대로 한번 읽어 보자!' 결심하고 2003년부터 읽기 시작해서 서너 번쯤 통독했습니다. 그렇게 5~6년쯤 읽고 나니까 자유자재로 새로운 개념을 만들어 쓰는 그들의 철학세계가 어느 정도 이해가 되더군요. 이 책을 이해하려면 그들의 철학에 잇대어져 있는 서양의 구조주의 · 언어학 · 정신분석학 · 마르크시즘 · 과학 · 역사를 두루 알아야 합니다.

지금도 이 책을 읽는데, 나에게는 마치 교향곡 같은 책이에요. 사유의 기쁨을 주고 때로는 창의적인 부분을 굉장히 자극하거든요. 말하자면 영감을 주는 책이지요. 그래서 시간 날 때마다 다시 읽습니다. 지금도 내용을 다 이해했다고 말할 수는 없지만, 이 책이 제시하는 매력적인 철학 개념들을 만나게 된 것만으로도 큰 수확이라고 생각합니다.

마지막으로 꼽을 책도 두꺼운 책인데요. 발터 벤야민의《아케이드 프로젝트Arcades Project》라는 책입니다. 벤야민은 독일 베를린에서 태어난 유대인인데, 제2차 세계대전 무렵 파리에서 살았어요. 그는 파리를 매우 사랑했던 사람으로,《아케이드 프로젝트》는 그가 사랑한 파리에 대한 연구서라고 할 수 있습니다. 파리의 현대성에 대한 탐구라고 할 수 있는 책인데, 정확하게 말하면 벤야민의 저작물이기보다는 새로운 저작을 위해 벤야민이 모은 자료들의 집합체라고 할 수 있어요. 어마어마한 자료들은 그 자체로 철학적이고 형이상학적입니다. 파리라는 도시에 매혹된 벤야민이 날마다 파리 거리를 산책하며 사유한 것의 총체를 담은 책입니다. 파리를 사랑한 한 철학자의 선물인 셈이지요.

벤야민은 자신을 도시의 골상학자라고 부르기도 했어요. 그는 도시의 거리와 간판들, 혹은 아케이드, 유행, 복장, 이런 것들을 관찰하고 기록하고 보들레르에 관한 방대한 자료들을 집대성해 놓았지요. 그가 수집한 자료들은 하나의 모자이크와도 같습니다.

안타까운 것은 벤야민이 이 책을 끝내 완성하지 못했다는 점입니다. 제2차 세계대전 당시 나치 지배 아래 들어간 파리를 떠나 미국으로 망명하려다가 실패했거든요. 그 뒤 그는 자살합니다. 그래서 이 책도 영원히 미완인 채 남게 되었어요. 비록 미완이지만 그 자체로도 매우 훌륭하고 놀라운 상상과 영감을 주는 책입니다. 무엇보다 글을 쓰려는 사람이라면 반드시 읽어 보아야 하는 책이라고 생각합니다.

청춘을
다독이는
책의 위로

십 대에서 이십 대에 이르는 청년들이 읽어 보았으면 하는 책 다섯 권을 꼽아 보았습니다. 헤르만 헤세의 《데미안》, 알베르 카뮈Albert Camus의 《이방인L'Etranger》, 연암燕巖 박지원朴趾源이 쓴 《열하일기熱河日記》, 앙드레 지드의 《지상의 양식》, 그리고 막스 피카르트Max Picarde의 《침묵의 세계Die Welt Des Schweigens》입니다.

이 책들은 방황하던 청년기에 나를 위로해 주고 내 안에 품었던 많은 질문에 답해 주었습니다. 지금 청년들의 삶에도 꼭 필요한 삶의 지혜를 전해 주리라 생각합니다. 이 책들을 읽으면서 내면의 성장, 인간 소외와 실존, 침묵 등 살면서 한 번쯤 생각해 보아야 할 주제에 대해 숙고해 볼 기회를 가졌으면 합니다.

《데미안》(헤르만 헤세 지음, 전영애 옮김, 민음사)

《데미안》은 선과 악, 질서와 혼돈, 빛과 어둠 사이에서 방황하는 싱클레어라는 주인공이 성장하며 겪는 고통을 다룹니다. 누구나 성장통을 겪는데, 이것은 "나를 찾아가는 길"의 지난함인 것이지요.

어린아이는 꿈을 꾸지만, 어른이 되면 더 이상 꿈을 꾸지 않습니다. 어른은 이미 쇠락하기 때문입니다. 어린아이들에게 커서 무엇이 되고 싶은지 물어보세요. 교사, 의사, 과학자, 대학교수, 변호사, 경찰, 작가…… 등등이 되고 싶다고 말합니다. 그것은 어른 이상의 그 무엇으로 거듭나는 것입니다. 그리고 보다 더 중요한 것은 "한 사람 한 사람의 삶은 자기 자신에게로 이르는 길"이라는 점입니다. 즉 꿈의 최종 목적지는 바로 진정한 자기에게 이르는 것입니다.

《데미안》의 주인공은 이렇게 독백합니다. "내 속에서 솟아 나오려는 것, 바로 그것을 나는 살아 보려고 했다. 왜 그것이 그토록 어려웠을까?" 내 속에서 솟아 나오려는 것, 그것이 꿈이고, 그 꿈을 펼칠 무대는 현실이지요. 그런데 꿈과 현실 사이에는 타고난 재능과 피나는 고투로도 채워지지 않는 괴리가 있습니다. 이 어긋남에서 바로 성장통이 생겨납니다.

헤세는《데미안》에서 상징적인 새의 이야기를 들려줍니다. 너무나 아름다워서 절대 잊히지 않는 이야기이지요. 그 새는 "몸 절반은 어두운 지구 땅덩이 속에 박혀 있는데, 커다란 알에서부터인 듯 땅덩이에서 나오려고 푸른 하늘 바탕 위에서 애쓰고" 있어요. 새는 과연 알을 깨고 나와 창공으로 높이 비상했을까요? 싱클레어는 노란빛과 푸른빛에서 하나의 형상이 만들어지는 것을 보는데, 공중에 떠오른 것은 거대한 새였어요. 새는 "푸른 혼돈을 찢어 떨치고 큰 날갯짓으로 하늘 속으로 날아서 사라"집니다.

《데미안》은 말하자면 알 속에 있는 새끼가 껍데기를 깨고 나와 거대한 새로 변하는 이야기입니다. 알 속의 새끼가 새가 되려면 먼저 "크게 자라 변화함[大而化之]"이 있어야 합니다. 변화는 자기를 넘어섬, 즉 자기 초월이지요. 자기를 넘어선다는 것은 낡은 자기를 벗어남, 혹은 잊음이고요. 진정한 자기에게로 이르는 길은 반드시 크게 자라 변화하는 과정을 겪어야 합니다. 그러므로 멈추어 안주하는 사람은 거대한 새가 되지 못합니다. 천지의 육기[六氣]를 타고 끊임없이 변화하는 사람만이 하늘을 뚫고 멀리 날아갈 수 있어요.

《이방인》(알베르 카뮈 지음, 김화영 옮김, 책세상)

내가 청년 시절 닮고 싶었던 작가를 한 명 꼽자면 바로 알베르

내가 읽은 책이 곧 나의 우주다

카뮈입니다. 그가 《이방인》이라는 매혹적인 소설을 쓴 사람이기 때문이지요. 카뮈는 1913년 11월 7일 새벽 두 시, 알제리의 수도 알제에서 동쪽으로 420여 킬로미터 떨어진 콩스탕틴 현 몬도비에서 태어났어요. 아버지 뤼시앵 카뮈는 프랑스 본토인 보로도 출신으로, 19세기 말엽에 알제리로 이주한 포도농장의 관리인이었고, 어머니 카트린 생테스는 스페인의 미노르카 출신이었지요. 프랑스 이민자 가정의 둘째 아들인 카뮈가 태어난 이듬해에 제1차 세계대전이 터집니다. 그는 《여름》이라는 작품에서 이렇게 적고 있습니다. "나는 내 또래의 모든 사람들과 함께 제1차 세계대전의 북소리를 들으며 자랐고, 우리의 역사는 그때 이후로 끊임없이 살인과 부정, 또는 폭력의 연속이었다."

카뮈의 어린 시절은 가난과 고독과 병으로 얼룩져 있었습니다. "내 생애에서 유일하게 노력한 것 : 정상적 인간의 삶을 사는 것"이라고 적을 정도였으니까요. 어린 영혼이 절망과 비참에 빠질 수도 있는 환경이었지만, 카뮈는 알제의 태양과 바다가 주는 혜택 속에서 놀라운 긍정의 힘을 갖게 됩니다. 그는 알제리의 여름 대지, 지중해에서 불어오는 바람, 태양을 향해 굽어 자라는 식물들과 난만한 꽃들, 눈부시게 내리쬐는 햇볕과 바다를 정말 사랑한 작가였습니다. 그는 삶과 고투하며 지중해 사람 특유의 긍정과 낙관으로 불운과 불행을 넘어섭니다. 그리고 《이방인》이란 소설로 명성을 얻고 이른 나이에 노벨문학상을 받게 됩니다.

《이방인》은 뫼르소라는 이해하기 어려운 한 인간의 내면 이야기입니다. 알제의 선박 회사에서 일하는 뫼르소는 평범한 청년이지요. 양로원에 있던 어머니가 죽었다는 전보를 받고서도 담담하고, 장례식에서도 눈물 한 방울 보이지 않은 채 담배를 피우고 커피를 마시더니 곧 잠들어 버려요. 알제로 돌아와서도 상중이라는 표식을 붙인 채 해수욕을 하러 나갔다가 마리라는 처녀를 만나서 희극 영화를 본 뒤 함께 밤을 보내지요. 그러던 어느 날 어느 건달에게 편지 대필을 부탁받는데, 그 일로 그의 정부情婦와의 문제에 휘말리고, 해변에서 자신과는 아무런 상관도 없는 아랍인을 총으로 쏘아 죽인 뒤 체포됩니다.

재판 과정에서 이런 뫼르소의 행적과 말은 예심판사, 검사 등과 같은 세상의 주류라고 할 수 있는 사람들이 믿는 도덕 가치의 잣대에 의해 세세하게 검토됩니다. 왜 사람을 죽였느냐는 재판관의 질문에 뫼르소는 태양이 너무 눈 부셨기 때문이라며 엉뚱하고도 인상적인 대답을 합니다. 모든 것이 우연한 일이고, 햇빛 때문에 살인했다고 말하며 조금도 뉘우치는 기색을 보이지 않는 뫼르소를 아무도 이해하지 않아요. 결국, 사회의 도덕과 질서를 심각하게 위반했다는 이유로 그에게 사형이 선고됩니다. 뫼르소는 감옥의 창을 통해 밤하늘의 별들을 바라보며 자연이 인간에 대해 무관심한 것이나 자기가 살고 죽는 일에 대해 무관심한 것이 같다는 생각을 품습니다. 그리고 신에게 귀의하라는 신부의 제안도 거부한 채 담담하게 죽음을 기다립니다.

어렸을 때 이 책을 읽었는데, 그때는 도무지 이해할 수가 없었어요. 나중에야 이 작품이 왜 인간 소외와 실존의 부조리를 다룬 실존주의 소설의 금자탑이라는 평가를 받게 되었는지를 어렴풋이 깨닫게 되었지요. 《이방인》은 인간 본질에 대한 놀라운 통찰을 담은 소설입니다. 이 책을 통해 인간 소외와 실존의 문제에 대해 생각할 기회를 가져 보았으면 합니다.

《**열하일기**》(박지원 지음, 리상호 옮김, 보리)

연암 박지원은 18세기 조선이 낳은 천재 작가이자 대사상가입니다. 그는 사색 당쟁의 패배자들, 서얼들, 서북도 출신들 등 이른바 현실 불만 세력들과 어울리며, 양반 지주들과 관료들에 의해 수탈당하는 백성들의 생활을 살피고, 이런 사회 모순과 사회적 병폐 따위를 해결할 수 있는 새로운 사상과 학설의 요구에 부응하고자 했어요. 연암은 1780년에 팔촌 형 박명원에게서 청나라 건륭 황제의 탄생 70주년을 경축하러 가는 외교 사절단과 동행하자는 권고를 받고, 북경을 거쳐 중국 황제가 머무는 열하를 향해 떠납니다.

《열하일기》는 압록강을 건너 북경을 거쳐 열하에 이르는 수천 리 대장정을 아우르는 여행기입니다. 압록강 국경을 건너는 6월 24일부터 열하에서 북경으로 돌아오는 8월 20일까지의 여정을 자세하게 적고 있습니다. 연암은 9월 17일까지 북경에서 머물다가 10월 말에야 귀국했는데, 집에 돌아오자마자 《열하일기》를 쓰기 시작했다고 합니다.

책의 내용을 살펴보면 장막을 치고 풀밭에서 노숙하거나, 비가 많이 내려 강을 건너지 못한 채 며칠씩 기다리기도 하는 고된 여행기가 자세하게 적혀 있습니다. 한편으로는 청나라의 책방을 들르고, 북경 뒷골목을 돌고, 술집에서 몽골인이나 이슬람 사람들과 어울려 찬술을 호기롭게 들이키는 내용이 있기도 하고요. 연암은 자신이 청나라에서 보고 겪은 것들, 즉 풍물과 사람들, 새로운 지식을 세상에 널리 펴서 알리려는 목적으로 이 책을 썼는데, 읽어 보면 내용도 내용이지만 그 필체의 활달함에 새삼 놀라게 됩니다. 책이 나왔을 때 실사구시를 따르는 진보세력뿐만 아니라 그에 반대하는 양반 계급에 이르기까지 널리 읽혔다고 합니다. 그 정도로 커다란 사회 반향을 일으킨 책이기도 합니다.

《열하일기》는 어느 진보 지식인의 선진국 견문록을 넘어서는, 조선 전체를 통틀어 최대 문제작이라 불릴 만한 책입니다. 이 책은 18세기 후반 중국의 정치, 경제, 문화, 천문, 지리, 풍속, 제도, 기술, 과학을 아우르는 백과사전적 지식의 보고이자 나라의 명운과 백성의 피폐한 살림살이를 염려하는 조선 후기 지식인의 고뇌가 고스란히 담긴 당대 현실에 대한 고찰입니다. 또 사실주의적 창작론을 구현한 글쓰기로서 문체 혁신을 보여 준 놀라운 사례이기도 하고요.

《지상의 양식》(앙드레 지드 지음, 김화영 옮김, 민음사)

《지상의 양식》은 앙드레 지드의 보석같이 빛나는 산문집입니다. 프랑스어로 쓰인 산문 중에서 가장 아름답고 격정적이고 사랑스럽다고 평가받는 책이에요. 나는 스무 살 무렵 이 책을 만난 것을 행운이라고 생각합니다. 이 산문집은 스무 살 무렵에 읽으면 좋지만, 나이 들어 읽어도 여전히 감동적입니다.

앙드레 지드는 1869년 프랑스 파리에서 태어나 열한 살에 아버지를 여의고 엄격한 종교적 계율을 강요하는 어머니 밑에서 자랐습니다. 그는 십 대 후반부터 작가가 되겠다는 꿈을 키우며 소설을 쓰기 시작했어요. 그러다가 육체의 욕망과 육체가 배제된 정신만의 사랑이 맞부딪치며 겪는 갈등을 다룬 소설《좁은 문La Porte Etroite》을 발표하며 명성을 얻게 됩니다. 그는 종교적 계율이 품은 위선과 비극, 자유와 환락의 경계에 대한 탐색, 도덕을 넘어서는 자유의 가능성에 대해 탐구한 작가라고 할 수 있어요.

《지상의 양식》에서 특히 인상적인 것은 다음의 구절입니다.

> 저녁때면 낯선 마을에서 낮 동안 흩어졌던 사람들이 가정으로 다시 모여드는 것을 보았다. 일하러 갔던 아버지는 피로하여 돌아오고, 어린아이들은 학교에서 돌아오고 있었다. 집의 출입문이 한순간 방긋이 열리며 빛과 따뜻함과 웃음을 맞아들이고 나서 다시 닫히면 밤이 왔다.

밖에서 고단하고 피로했을지라도 가정으로 돌아오면 우리의 상심한 마음은 위로받고 몸은 힘을 얻습니다. 그러나 내 가정에 깃든 "빛과 따뜻함과 웃음"에만 취해 방랑자들과 바람들을 나 몰라라 하는 태도는 어리석은 것입니다. 앙드레 지드가 "가정이여, 나는 너를 미워한다!"고 했던 까닭도 그 때문이겠지요.

좋은 아버지라면 "밀봉된 가정, 굳게 닫힌 문, 행복의 인색한 점유"에 머무는 것을 부끄러워해야 합니다. 행복의 점유는 어떤 경우에도 폐쇄적이어서는 안 되는 것이기 때문입니다. 배타적으로 행복을 점유한 사람은 타인과 낯선 것, 나눔과 이타주의를 싫어하게 됩니다. 내가 싫어하는 것들이 내 행복의 토대라는 것을 모르는 어리석음 탓입니다. 토대가 단단하지 않다면 그 토대 위에 선 집은 위험한 법입니다.

내가 읽은 책이 곧 나의 우주다

더불어 나눌 수 있는 행복이 진짜 행복입니다. 그러니 지금 손에 쥐고 있는 게 행복이라면 너무 꽉 쥐지 마세요. 행복은 움켜쥐면 사라지고, 욕심을 버리고 놓으면 머뭅니다. 행복이 한 사람만의 것이 아니라 모두가 함께 누려야 할 것이라 그렇습니다.

《침묵의 세계》(막스 피카르트 지음, 최승자 옮김, 까치)

《침묵의 세계》는 친구인 최승자 시인이 번역한 책입니다. 우연히 읽게 되었는데, 책을 읽자마자 매혹되어서 주변 사람들에게도 꼭 읽어 보라고 강력하게 추천하기도 했습니다.

막스 피카르트는 1888년 스위스 국경 지역 바덴 지방의 쇼프하임에서 태어난 사람이에요. 그는 대학에서 의학을 전공하고 하이델베르크 대학병원 보조 의사로 일했어요. 하지만 기계화된 의학 산업이 자신과 맞지 않는다고 판단하고 의사 일을 그만둔 후 돌연 글을 쓰기 시작합니다.

이 책에서 막스 피카르트는 침묵이 우리 삶과 정신에 깃들어 어떤 작용을 하는가를 살핀 결과, 그것이 단순히 말의 부재 상태를 가리키는 게 아니라는 걸 밝혀내요. 침묵은 시작도 없고 끝도 없어요. 침묵은 태고에서부터 존재했고, 창조되지 않은 채 영속하는 그 무엇이라고 할 수 있는 존재 현상이지요. 이런 침묵의 모습과 여러 형태,

그 속에 원초적인 형태로 깃든 말, 말과 진리, 말과 인간 따위에 대해 숙고하고 성찰한 뒤 내놓은 게 바로《침묵의 세계》라는 책입니다. 이 책에는 깊이 숙고하지 않으면 도저히 쓸 수 없는 구절들이 아주 많습니다.

침묵은 결코 수동적인 것이 아니고 단순하게 말하지 않는 것이 아니다. 침묵은 능동적인 것이고 독자적인 완전한 세계다.

침묵은 그야말로 그것이 존재한다는 사실 때문에 위대하다. 침묵은 존재한다. 고로 침묵은 위대하다. 그 단순한 현존 속에 침묵의 위대함이 있다.

침묵은 말이 없이도 존재할 수 있지만, 말은 침묵이 없이는 존재할 수 없다. 말에게 침묵이라는 배경이 없다면, 말은 아무런 깊이도 가지지 못한다.

이런 구절들을 읽을 때 마치 온몸이 감전되는 듯한 감동을 느끼게 됩니다. 깊이라는 측면에서 이 책을 능가할 만한 책을 찾아보기 힘들어요. 인간을 인간으로 만든 건 분명 말이지만 그 말을 빚어내는 근원, 말의 자궁은 바로 침묵이라는 것이 그의 주장입니다. 우리

존재를 빚는 말의 본질에 대해 깨닫기 위해서 반드시 읽어야 하는
책이라고 생각합니다.

3장.

책을 어떻게
읽을 것인가

책을 읽을 때 그 안의 지식과 정보를

기억할 게 아니라 저자의 사유를 따라가며

저자와는 또 다른 나만의 사유를 해야 합니다.

그러면서 사유하는 힘이 생기는 겁니다.

그렇게 책을 읽으면 굳이 기억하려고 하지 않아도 남는 게 있어요.

책 읽기는 지식이 저자에게서 독자로 옮겨 가는 일방 소통이 아니고

쌍방향 소통이라는 것을 강조하고 싶습니다.

책 읽기에도
훈련이 필요하다

책 한 권은 그 자체만으로 지식의 숲을 이루고, 더 나아가 더 큰 지식 생태계의 일부가 됩니다. 그러므로 책을 읽는다는 것은 그 생태계 속으로 자신의 전 존재를 들이미는 것이나 마찬가지입니다. 그속에서 지적 모험을 즐기는 것이지요.

매주 십여 권의 책을 택배로 받고 있습니다. 지금 내 책상에 놓인 책들도 온라인 서점에서 주문해서 방금 도착한 것들입니다.《작가의 공간》,《건축가가 지은 집 108》,《다시, 나무를 보다》,《음식으로 읽는 한국 생활사》,《가이아의 정원》등등. 제목으로 짐작할 수 있겠지만, 꽤 다양한 분야의 책들을 가리지 않고 읽고 있습니다.

나는 지난 40년간 책을 읽어 오면서 끊임없는 반복 훈련과 학습을 거치며 나만의 책 읽기 기술을 습득했습니다. 아마 눈에 보이지는 않아도 오랜 책 읽기의 결과로 뇌에도 어떤 변화가 일어났을 거라 짐작하고 있습니다.

사람들은 문자를 해독하면 누구나 다 책을 읽는다고 생각합니다. 그런데 그것은 잘못된 생각입니다. 왜냐하면 책 읽기는 뇌의 복잡한 과정들이 동시에 작동하면서 이루어지는 지적 활동이기 때문입니다. 책 읽기란 단순히 글자 하나하나를 읽고 이해하는 행위가 아닙니다.

우리가 텍스트와 접속하면 뇌의 여러 부위들이 활성화되면서 작동 기억과 같은 주요 집행 기능과 추리, 유추 같은 이해력이 움직입니다. 그에 따라 '독서'라는 최종적인 행위가 이루어지게 됩니다. 그러므로 책 읽기란 단어와 단어를 연결하면서 읽는 행위 그 이상인 것입니다. 문자 해독자라고 해서 다 책을 읽을 수는 없다는 얘기이지요. 그래서 나는 늘 제대로 책을 읽으려면 반복적인 학습과 훈련이 필요하다고 말합니다. 아울러 지적 진화의 관점에서 책 읽는 뇌에 대한 이해도 필요합니다. 메리언 울프Maryanne Wolf라는 사람은 《책 읽는 뇌Proust and The Squid》에서 이렇게 말합니다.

지금은 독서하는 뇌에서 디지털 뇌로 전환되어 가는 과도기이다. 따라서 독서를 하기 위해 뇌가 필요로 하는 것이 무엇인지, 그것이 인간의 사고와 감성과 추론 그리고 타인을 이해하는 능력에 어떻게 이바지하는지 아는 것이 그 어느 때보다 중요하다. 독서가 역사적으로 어떻게 진화했는지, 아이가 독서를 어떻게 학습하는지, 독서 때문에 뇌 안의 생물학적 기반이 어떻게 바뀌었는지 이해함으로써 인간이라는 지적 동물의 불가사의한 복잡성을 새롭게 조명해 볼 수 있을 것이다. 그럼으로써 우리의 지적 능력이 앞으로 어떻게 진화할지, 우리가 미래를 만들어 가는 과정에서 어떤 선택을 해야 할지 더욱 확실히 알 수 있다.

사람은 두 개의 대뇌반구를 가졌고, 이것들은 각각 다른 방식으로 작동합니다. 이를테면 좌뇌는 논리, 언어, 정돈 능력, 순차적 시간 인식, 산수 등의 능력이 특화되어 있고, 우뇌는 시각적 이미지, 공간적 관계, 얼굴이나 패턴 인식, 몸짓, 비율 등을 처리하는 능력이 특화되어 있습니다. 쉽게 설명하자면 좌뇌는 단어들과 숫자들을 통해 생각을 펼치고, 우뇌는 3차원 공간의 그림이나 이미지를 통해 시각적으로 생각하는 것이지요. 그러나 이것은 아주 투박하게 그 특징을 표현한 것이고, 언어활동이 반드시 좌뇌에만 국한되어 있는 것이 아니라는 연구도 나와 있습니다. 우뇌도 특별한 언어 기능을 담당한다는 거지요. 단어의 함축적 의미 같은 언어의 비문자적 측면에 대한 감수성은 우뇌가 더 크다고 합니다. 언어활동 역시 양쪽 뇌가 협업하면서 이루어지는 경우도 있다는 거지요. 토머스 웨스트Thomas G. West의《글자로만 생각하는 사람 이미지로 창조하는 사람In the mind's eye》이란 책에 나오는 내용입니다. 결론적으로 좌뇌는 언어라는 도구를 통해서만 생각하지만, 우뇌는 언어 없이도 무언가를 의식하고 생각하는 게 가능하다는 얘기입니다.

우리는 책을 읽기 위해서 먼저 뇌를 최적화시켜야 합니다. 일반적으로 사람들은 주로 좌뇌를 이용해 책을 읽는데, 사람에 따라서는 우뇌를 함께 사용해서 책을 읽는 경우도 있습니다. 언제부터인가 내가 우뇌를 쓰며 책을 읽고 있다는 사실을 깨달았어요. 좌뇌의 책 읽기가 내용과 논리를 따라가는 책 읽기라면, 우뇌의 책 읽기는 지식정보를 그림으로 바꾸는 책 읽기라고 할 수 있습니다. 마치 카메라로 사진을 찍듯이 내용을 받아들이는 거지요. 그렇게 읽으면 책을 훨씬 빨리 독해할 수 있게 됩니다.

그렇다면 초보 독서가의 뇌는 어떨까요? 문자를 해독하는 능력을 익히고 책을 읽기 시작하는 어린아이의 경우, 뇌의 세 부분에서 활성화가 이루어진다고 해요. 후두엽(시각 영역과 시각 연합 영역)의 넓은 부분과 후두엽 안쪽 깊은 곳, 그리고 측두엽 가까운 곳에 있는 방추상회라는 진화론적으로 중요한 영역이 그곳입니다. 처음엔 많은 양의 인지적, 운동적 프로세싱과 그 기반이 되는 뉴런 영역이 필요하지만, 기술적으로 익숙해지면 인지적 소비량은 줄고 뉴런 경로도 간결해지고 능률화된다고 해요. 뇌가 이런 방식으로 특화되면서 자동화되는 발달과정을 겪는 것이지요.

우리가 책을 읽을 때는 보통 좌뇌를 더 많이 쓰게 됩니다. 어린아이일수록 좌뇌의 각회와 상변연회를 많이 쓴다고 합니다. 왜 그럴까요? 이 두 영역은 음운론적 프로세스를 시각, 철자, 의미론적 프로세스로 통합시키는 데 중요한 역할을 담당하고 있습니다. 측두엽의 베로니카 영역Wernecke's area은 언어 이해에 필수적인 부위들이 모여 있는 곳입니다. 아이들의 뇌에서는 이 베로니카 영역이 아주 활발하게 활성화됩니다. 그리고 이런 초보 독서가의 뇌가 진화하면서 책 읽는 뇌가 탄생하게 됩니다.

독서 초보자일수록 책을 글자로 읽습니다. 그러다가 조금 지나면 문장으로 읽고, 그다음엔 문단으로 읽지요. 내 경우에는 펼침 페이지가 거의 한눈에 들어옵니다. 머릿속에 텅 빈 공간을 만들어 놓고 거기다 키워드들을 배치하는 식이지요. 그리고 그 키워드들이 어떤 상관관계가 있는가를 따라가면서 책을 읽습니다. 일종의 마인드맵이라고 할 수 있어요. 이것이 바로 우뇌의 책 읽기입니다. 이렇게 하면 맥락의 책 읽기가 가능해집니다. 머릿속에서 이 내용과 저 내용, 이 책과 저 책이 어떤 체계 속에서 움직이는가를 따지면서 읽는 거지요.

어느 정도 독서 습관이 몸에 익었다면 좌뇌와 우뇌를 함께 쓰는 책 읽기를 시도해 보는 것도 좋습니다. 이렇게 하면 훨씬 책을 빨리 독해하게 되고 집중해서 많은 책을 읽을 수 있습니다.

중요한 책은
적어도 세 번은
읽어라

첫 번째로 책을 읽을 때는 처음부터 끝까지 거침없이 읽어 나가야 합니다. 책 읽기의 첫 번째 단계는 눈으로 전체를 대충 읽는 것입니다. 이 첫 번째 시도에서 중요한 것은 저자의 머리말, 차례, 후기 따위를 꼼꼼하게 읽는 거예요. 이것들을 텍스트의 곁가지라고 합니다. 많은 사람들이 그냥 지나쳐 버리는데 이 곁가지들은 뜻밖에도 책에 관한 중요한 단서들을 담고 있어요. 그래서 이걸 제대로 읽으면 책의 전체적인 구조를 파악할 수 있습니다.

그다음 본문 읽기의 단계로 들어가는데, 본문을 읽다 보면 이해가 안 되는 부분들이 있을 거예요. 그런 것들에 구애받지 않고 멈추

내가 읽은 책이 곧 나의 우주다

지 말고 끝까지 책을 읽는 게 중요합니다. 그러면서 그 책이 가진 지식의 규모와 깊이, 방향성 따위를 파악하는 거지요. 이 첫 번째 읽기 과정에서 얻는 것은 반가통半可通 지식이라고 할 수 있습니다. 어렴풋하게 아는 것이지요. 그런데 그 책이 더 읽을 만한 가치가 있다고 판단되면 두 번째 책 읽기를 시도해야 합니다.

두 번째 책 읽기부터는 모르는 것들을 꼼꼼하게 따지고 생각하면서 읽어나갑니다. 이 단계는 음식을 씹는 것에 견줄 수 있습니다. 앞의 첫 번째 책 읽기보다 천천히 읽어 가면서 읽은 내용을 곱씹어가는 과정이지요. 소나 낙타와 같은 초식동물들이 위에 들어간 것들을 다시 입으로 꺼내 올려 천천히 되새김질하는 것과 같습니다. 이렇게 읽으면 분명히 첫 번째 책 읽기와는 다른 깊은 이해에 도달하게 됩니다.

세 번째 책 읽기는 전가통全可通 지식의 습득을 목표 삼아 읽습니다. 속속들이 파헤치고 따져서 완전한 지식을 자기 안으로 들이는 단계이지요. 자기가 읽은 책에 관해 누가 물었을 때 막힘없이 말할 수 있는 수준이 되어야 합니다. 그래서 이 세 번째 단계의 책 읽기는 입에서 씹은 음식을 식도로 넘기고 위와 장에서 소화하는 것에 견줄 수가 있어요. 책 읽기를 통해서 지식의 자양분을 빨아들이고, 분해해서 완벽하게 소화까지 시키는 것이지요. 그런 식으로 읽은 책을 나의 피와 살로 만드는 과정입니다. 그러니까 중요한 책이라면 적어도 세 번은 읽어야 합니다. 그러고도 필요하다면 몇 번을 더 읽어야 하고요. 나는 어떤 책이 정말 좋은 책이라면 열 번, 스무 번도 더 읽을 수 있다고 생각합니다.

야마무라 오사무山村修가 쓴《천천히 읽기를 권함遲読のすすめ》에 보면 발터 벤야민에 관한 인상적인 이야기를 소개하고 있습니다. 어느 날 벤야민이 무화과를 쌓아 놓고 파는 수레에서 무화과를 사서는 꾸역꾸역 삼키기 시작했다고 합니다. 그렇게 정말 무르익은 무화과를 맘껏 포식한 뒤 "마지막 굽이를 지나가자 그 고개에서 생각지도 못한 미식의 풍경에 대한 전망이 열렸다"고 말했다고 해요. 다시는 무화과를 쳐다보기도 싫을 정도로 무화과 내부 깊숙이 들어가 그 진경을 경험한 것이지요.

식사하는 일로 흥에 겨워 도를 지나친 적이 없는 사람은 결코 식사를 경험한 것이 아니며, 지금까지 식사를 해왔다고 말할 수도 없다. 기껏해야 절도를 지키는 일로 식사의 즐거움 정도는 알겠지만, 식사에 대한 탐욕, 식욕의 평탄한 일에서 일탈하여 게걸스럽게 먹어 치운다는 원시의 숲에 이르는 과정을 아는 법은 없다. (중략) 즐기면서 먹는 것보다 게걸스럽게 먹어 치우는 것이 먹어 치운 음식물의 내부 세계 속으로 깊숙이 들어가는 일임은 분명하다.

내가 읽은 책이 곧 나의 우주다

좋아하는 음식을 질릴 때까지 게걸스럽게 먹어 치운다는 것, 그
것이 바로 음식의 진경으로 들어가는 방법입니다. 책도 마찬가지예
요. 영혼의 갈망이 채워질 때까지 정신없이 허겁지겁 읽어야 할 책
도 있는 법입니다.

어떤 책을 다 읽었을 때 다음에 어떤 책을 읽어야 하는지 암시를
줍니다. 그렇게 이 책에서 저 책으로 자연스럽게 꼬리를 물고 책 읽
기가 이어지게 됩니다. 우리는 그것을 그저 따라가면 됩니다. 그리
고 어느 정도 책 읽기가 숙련되었다면, 맥락의 책 읽기로 단계를 높
여야 해요. 아무 책이나 닥치는 대로 읽는 게 아니라 계통을 잡고 체
계를 세워 읽어 가는 것이지요. 그래야 심도 있는 지식의 체계를 만
들 수 있습니다.

나는 가장 좋은 독서법이란 것이 따로 있는 게 아니라고 생각합
니다. 사람마다 자기에게 맞는 독서법이 있어요. 그러니 다른 사람
의 독서법에 연연해 하지 말기 바랍니다. 그저 자기만의 속도, 자기
만의 리듬에 따라 읽어 나가면 됩니다. 사이토 다카시는 "독서 경험
이 늘어날수록 나만의 독서법이 생긴다"고 말합니다. 만약 나만의
독서법이 아직 정립되지 않았다면 독서 경험이 얕은 탓으로 여기고
계속 책을 읽어 나가면 됩니다.

기억에 대한
강박을 내려놓고
읽어라

나는 책 읽기를 뇌의 유산소 운동이라고 생각합니다. 책 읽기는 우리의 뇌를 말랑말랑하게 해서 항상 좋은 컨디션을 유지하게 해줍니다. 이렇게 끊임없이 뇌에 지적 자극을 주는 것이 중요한 이유는, 그래야 의식의 쇄신이 가능하고 인지의 지평을 넓힐 수 있기 때문이에요. 그 과정을 통해 우리의 뇌 안에서 다양한 콘텐츠가 융합되고 마침내 새롭고 창의적인 생각을 할 수 있게 됩니다.

　나는 책을 읽을 때 무엇보다 기억에 대한 강박을 내려놓고 읽습니다. 소설을 읽을 때나 인문서를 읽을 때, 자연과학서를 읽을 때도 마찬가지입니다. 분야에 따라 책을 읽는 방법은 다르지만 어떤 경우

　　　　　　　　　　　　　내가 읽은 책이 곧 나의 우주다

에도 읽은 것을 반드시 기억해야 한다는 생각은 하지 않습니다.

많은 사람들이 책을 읽으면 그 내용을 머릿속에 다 집어넣어야 한다고 생각해요. 하지만 나는 일부러라도 읽은 것을 잊어버리려고 합니다. 망각은 사실 우리에게 주어진 축복이거든요. 망각된 지식은 그것을 복원하려는 과정을 통해서 더욱 커지니까요. 거기에 우리의 경험과 상상이 보태지기 때문이지요.

건망증에 관한 이런 우스갯소리를 들어본 적이 있을 겁니다. 어느 아줌마가 무선전화기를 쓰고 어디에 두었는지 한참을 찾아도 못 찾았는데 나중에 보니 냉동실에 들어 있었다고 합니다. 이 정도는 아니어도 누구나 한 번쯤 비슷한 일을 겪은 적이 있을 겁니다. 사실 나도 보통 사람들처럼 물건도 잘 잃어버리고, 기억력도 그리 좋지 않아요. 책을 읽고 난 뒤 돌아서면 내용을 다 잊어버리는 평범한 독자일 뿐입니다. 그래서 책을 읽을 때도 굳이 기억하려고 하지 않습니다. 달리 말하면, 기억에 대한 강박증을 전혀 갖지 않는 거지요. 그런데 신기한 것은 그렇게 망각한다 해도 남는 게 있다는 겁니다.

콩나물 길러 본 사람들은 알겠지만 물을 주면 태반이 시루 밑으로 빠져나가잖아요? 그래도 어느새 콩나물은 쑥쑥 자라 있습니다. 똑같은 이치예요. 책을 읽을 때 그 안의 지식과 정보를 기억할 게 아니라 저자의 사유를 따라가며 저자와는 또 다른 나만의 사유를 해야 합니다. 그러면서 사유하는 힘이 생기는 겁니다. 그렇게 책을 읽으면 굳이 내용을 기억하려고 하지 않아도 남는 게 있어요. 책 읽기는 지식이 저자에게서 독자로 옮겨 가는 일방 소통이 아니고 쌍방향 소통이라는 것을 강조하고 싶습니다.

책을 읽을 때는 저자와 서로 생각을 주고받는 대화를 한다고 생각하면서 읽어야 해요. 저자의 생각에 대해 끊임없이 질문을 던지고 반론을 제기하면서 읽는 거지요. 그렇게 하면 책 읽기가 훨씬 입체적으로 변합니다. 그런데 대부분의 사람들은 책을 읽을 때 그저 문장만 따라갑니다. 그렇게 피동적으로 문장만 따라가며 읽다 보니 앞부분을 잊어버리면 돌아가서 다시 읽고, 그렇게 애를 쓰다가 결국다 못 읽는 경우가 많습니다. 이렇게 책을 읽는 사람들 중 열에 아홉은 내용을 기억하는 데 집착을 해요. 그래서 책 읽기가 더디고, 읽더라도 오십 쪽쯤 읽다가 포기하기 일쑤입니다.

앞으로는 독서를 할 때 잊어버리거나 말거나 상관없이 끝까지 간다는 생각으로 읽어 보길 바랍니다. 잊는다는 건 자연스러운 현상입니다. 어떻게 사람이 읽은 걸 머릿속에 다 갖고 있겠어요. 기억하고자 하는 강박증이 크면 절대로 책 읽기를 즐겁게 할 수 없습니다.

또 책을 읽으면서 딴생각하는 것에 대해 죄책감을 느낄 필요도 없습니다. 샛길로 빠져드는 것도 즐겁고 중요한 경험이니까요. 그러니 책을 읽는 과정에서 내용을 기억하려고 하기보다는 책 속에 몰입해서 자유롭게 상상하라고 말하고 싶습니다. 저자와 쌍방향 대화를 한다고 생각하면서요. 이렇게 책의 어휘와 내용을 기억하려고 노력하지 않으면 책 읽기가 훨씬 쉽고 즐거워집니다.

나는 책 읽을 때 줄을 긋거나 메모를 하지도 않습니다. 줄이 그어져 있고 어딘가에 표시가 되어 있으면 다시 읽을 때 거기에 시선이 꽂혀서 다른 부분을 못 보기 때문이에요. 그 책에 전에 읽었을 때 보지 못했던 다른 중요한 부분이 있을 수도 있거든요. 그래서 내 책들은 늘 새것처럼 깨끗합니다.

소설, 인문서, 자연과학서는 읽는 방법이 조금씩 다릅니다. 소설은 줄거리를 따라가야 하므로 건너뛰기가 어려워요. 그래서 비교적 읽는 시간이 오래 걸리지요. 반면에 인문서나 자연과학서는 전체를 눈으로 훑으면서 넘어가도 괜찮습니다. 책을 많이 읽다 보면 책과 책의 교집합이 보이거든요.

라캉과 프로이트, 최재천과 에드워드 윌슨, 한병철과 하이데거, 들뢰즈와 니체, 바슐라르와 김현, 김우창과 문광훈 사이엔 지식의 교집합이 나타납니다. 상호 영향을 준 영역이 드러나는 것이지요. 당연히 선행 연구자를 뒤따르는 사람의 저작물에 앞선 연구자의 지식이 스며들어 옵니다. 그런 것들이 스미고 섞여 교집합을 이루게 되는 것이고요. 보통 그런 지식의 교집합이 이루어지는 대목은 쉽게 읽힙니다. 인문서와 자연과학서의 경우는 같은 계통의 선행 저자나 그들이 먼저 쓴 책들의 내용을 바탕으로 책을 쓰기 때문에 이런 식의 책 읽기가 가능한 거지요. 물론 이것은 꾸준히 광범위하게 독서를 해 온 사람들에게 해당하는 사항이기는 합니다.

나도 젊은 시절에는 손에 잡는 모든 책을 끝까지 다 읽어야 한 다고 생각했어요. 그래서 지루해도, 새로운 깨우침이 없어도 꾸역꾸 역 끝까지 읽어 나가곤 했지요. 그런데 어느 시점에서 모든 책을 끝 까지 다 읽는 게 유익한 것만은 아니란 걸 깨달았어요. 책을 끝까지 읽어야 한다고 생각했던 건 일종의 강박적 습관이었던 거예요. 그런 강박증 때문에 사람들이 책과 가까워지지 못한다고 생각해요. 물론 정말 중요한 책들은 처음부터 끝까지 꼼꼼하게 따져 가며 읽어야 합 니다. 또 한 번이 아니라 두 번, 세 번을 읽는 책도 있습니다. 하지만 어떤 책들은 전체가 아니라 부분만 읽는 것으로도 충분합니다. 내 가 필요한 부분만 읽는, 일종의 발췌 독서이자 취사선택 독서법인데 요. 이때 중요한 것은 어떤 부분을 읽어야 하느냐는 점입니다. 사이 토 다카시는 《독서는 절대 나를 배신하지 않는다》에서 이렇게 조언 합니다.

이 방법은 어떤 부분을 고를 것인지가 중요하다. 차례를 보고 필 요한 부분만 찾아 읽어도 되고 책장을 빠르게 넘기면서 소제목 위주로 내용을 확인하다가 필요한 부분이 나타나면 꼼꼼하게 읽 고 다시 필요 없는 부분이 나오면 넘어가는 식으로 읽어도 된다.

내가 읽은 책이 곧 나의 우주다

물론 이런 식의 책 읽기는 어느 정도 독서 경력이 쌓인 사람에게 적당합니다. 이제 막 책 읽기에 들어선 초보자들은 따라 하기가 쉽지 않은 방식이라 그리 권하고 싶지는 않습니다.

독서는
글쓰기의
준비 작업

나는 청소년 시절에 많이 방황했습니다. 집안 사정 때문에 원치 않는 실업계 고등학교에 진학했는데 학교 다니기가 싫었어요. 당장 써먹을 수 있는 것들만 가르치는 수업들이 재미없었지요. 교사들 중에 특별히 존경하고 따를 만한 분들도 없었고요. 그 당시 교사들은 상당히 폭력적이기도 했어요. 그래서 날마다 눈 뜨면 학교 가는 게 마치 도살장으로 끌려가는 소처럼 괴로웠습니다. 내가 할 수 있는 게 아무것도 없다고 느껴졌어요.

그래서 학교 도서관에 틀어박혀 이런저런 책을 읽으며 시간을 보냈는데, 그러다 보니 성적도 바닥으로 떨어져서 학교 부적응자

로 낙인찍히게 되었지요. 요즘에도 종종 교사들의 체벌에 관한 보도
가 있지만, 당시에는 지금과는 비교할 수 없을 정도로 교사들의 구
타 행위가 아무 죄의식 없이 만연되어 있었습니다. 이런저런 복잡한
이유로 결국 고등학교 2학년 때 학교를 그만두게 되었습니다. 그 후
로 혼자 여행을 다니다가 국립도서관과 시립도서관을 오가며 책을
읽기 시작했어요. 날마다 도서관을 다니며 읽고 싶던 책들을 읽으니
그제야 '아아, 살겠구나!' 싶었지요. 그렇게 숨을 쉴 만하니까, 자연
스럽게 책을 읽으면서 상상의 세계에 빠져들게 되었고요.

사실 나는 애초에 비행 청소년은 될 수가 없는 사람이었어요. 왜
냐하면 어린 시절에 위인전을 너무 많이 읽었거든요. 위인전이라는
게 거의 다 꾸며낸 이야기이거나 과장된 것인데, 그것들이 이미 내
안에 입력되어서 모범생 강박증 같은 걸 형성하고 말았던 거예요.
위인전 독서의 폐해라고나 할까요. 사실 위인전이라는 게 거의 대부
분 미화한 이야기들이잖아요. 그런데 어린 나이에는 그 내용을 검증
하고 비판할 능력이 없었던 겁니다. 그래서 그걸 사실 그대로 빨아들
일 수밖에 없었던 거고요. 그렇게 꽤 긴 시간 동안 위인전의 강박에
서 벗어나지 못한 채 현실에 대한 왜곡된 의식 속에서 헤맸습니다.

우리는 글로 쓰인 것들을 가감해서 읽을 필요가 있어요. 나도 더
크고 인지가 발달하고 나서야 위인전뿐만 아니라 모든 글쓰기가 사
실을 미화하고 실제보다 더 멋지게 쓴다는 걸 알았어요. 위인전이라

면 정도가 더 심하겠지요. 위인전을 읽는 아이는 세상을 너무 단순화해서 받아들일 수 있어요. 인생을 살다 보면 무수한 위기를 만나는데, 그런 단선적 사고유형에 고착된 모범생은 그 상황에 순발력 있게 대응하지 못합니다. 위기에 대한 항체랄까, 지혜가 없어서 무너지기 쉬운 거지요. 나도 사회에 나와 직접 세상과 부딪치고 나서야, 그동안 내가 얼마나 순진하고 관념적이었던가를 알게 되었어요. 세상은 훨씬 더 복잡하고, 교활하며 나쁜 의도를 가진 사람들로 이루어져 있더군요. 그런 것들을 겪으며 자아와 세계, 현실과 이상 사이에서 많이 방황하기도 했지요. 그나마 다행인 것은 이십 대 초반에 굉장히 다양한 책을 읽었다는 점입니다.

다양한 책을 본다는 건 다양한 세계를 경험하는 것과 같아요. 나는 수많은 책을 읽으면서 책을 통해 인생의 저 밑바닥까지 가보았던 셈이지요. 그 과정에서 이 세상에 정말 다양한 삶이 있다는 것을 알게 되었고, 세상을 바라보는 나만의 시각을 키울 수 있었어요. 그런 의미에서 우리가 살아가면서 좀 더 다양한 책을 읽을 필요가 있다고 생각합니다. 책을 읽는 사람들 중 대다수가 인문서 위주의 독서를 하는데, 사고의 균형을 위해서는 자연과학서도 그만큼 읽어야 한다고 생각해요. 우주와 자연, 생태계의 원리는 인간의 삶과 분리할 수 없는 문제니까요.

이십 대 초반에 만난 작가 중에서도 내게 큰 지적 자극을 주었던 두 사람 있습니다. 영국의 콜린 윌슨Colin Wilson이라는 작가와 프랑스 출신의 시학자 가스통 바슐라르입니다. 콜린 윌슨은 열일곱 살까지만 정규 교육을 받고, 이후에는 일 년에 반은 노동하고, 반은 국립도서관에 가서 책을 읽으며 글을 썼어요. 훗날 《아웃사이더The Outsider》라는 책을 써서 세계적인 베스트셀러 작가가 되었지요. 나는 《아웃사이더》를 읽고 무엇보다 그의 박학다식함에 놀랐습니다. '굉장한 독학 지식인이다!', '내가 갈 길을 이 사람이 먼저 걸었구나!' 싶은 생각도 들었고요.

가스통 바슐라르는 시학에 과학을 접목해 글쓰기의 새로운 지평을 연 사람이에요. 그의 작품 《초의 불꽃》을 읽었을 때 역시 엄청난 감동을 받았어요. 그때껏 한 번도 보지 못한 책이었으니까요. 그때부터 그의 모든 책을 찾아서 봤습니다. 그 시절 4~5년에 걸쳐 읽은 많은 책들이 내 인생의 기틀과 지적 토대를 잡아 주었다고 해도 과언이 아닙니다. 그 시기를 거쳐 중앙 일간지 신춘문예에 등단 후 편집장으로, 이후 출판사 대표로 많은 책들을 만들었습니다. 그러다가 출판사를 정리하고 얼마간 남은 돈으로 경기도 안성에 집을 짓고 전업 작가로 살기로 했어요. 그때부터 노자의 《도덕경》을 읽고 동양 철학을 공부하기 시작했는데, 그러는 사이에 원고 청탁이 들어와서 노자와 장자에 관한 책을 썼습니다. 그 책이 베스트셀러가 되었고, 어느 시점부터는 해마다 원고를 5천 매씩 쉬지 않고 쓰게 되었습니다. 그렇게 지금까지 쓴 책이 팔십 권이 넘었습니다.

내가 그렇게 부지런하다고 생각하지는 않아요. 좋은 전시 있으면 가서 보고, 영화나 연극도 보면서 누릴 거 다 누리고 사니까요. 날마다 산책하고, 더러는 긴 여행을 떠나기도 합니다. 그러고 보면 나는 한가롭게 살고 있다고 해야겠지요. 역설인가요? 만해 한용운이 《님의 침묵》에서 '바쁜 것이야말로 진짜 게으른 것이다'라는 얘기를 했는데, 반대로 말하면 한가로운 사람이야말로 부지런한 사람이 아닌가 싶습니다. 바쁜 사람은 자신을 돌보지 않으니 게으른 사람이고, 한가로운 사람은 자기 자신을 돌보는 시간이 많으니 부지런하다는 뜻입니다.

지금도 새벽에 일어나서 오전에는 글을 쓰고, 한 시간에서 한 시간 반 정도는 걷기를, 나머지 시간은 책 읽기를 하며 보냅니다. 비본질적인 것들에 대한 소모를 줄이면 자신에게 더 많은 관심과 시간을 쏟을 수 있어요. 이렇게 단순하고 규칙적인 생활을 하는 덕분에 젊어졌다는 말도 종종 듣습니다. 스트레스 받을 일이 없거든요.

부지런한 글쓰기의 비결은 어쩌면 고독에 있을지도 모릅니다. 요즘 사람들은 고독을 무서워하고 심심함을 못 견뎌 하지요. 지하철에서도 보면 앞에 일곱 명이 앉아 있으면 일곱 명이 전부 스마트폰을 들여다보면서 뭔가를 하고 있어요. 어찌 보면 끔찍한 장면입니다. 고독을 두려워하지 말고 즐겨야 해요. 고독이야말로 우리 내면

을 풍요롭게 만드는 기반이기 때문입니다. 심심해할 줄 아는 능력을
잃어버리면 사람은 불행해집니다. 결국, 불필요한 일로 자기를 다
고갈시켜 버리니까요.

글쓰기는
자신의 존재를
증명하는 일이다

내가 어릴 적에는 주변에 읽을 만한 책이 단 한 권도 없었습니다. 충남 논산의 한 농가에서 태어나서 열 살 무렵까지 살았는데, 그 당시 농촌에는 교과서 이외에 읽을 만한 책이 있는 집은 없었어요. 문화적으로 보면 아주 척박한 환경이었지요. 그래서 나는 장 폴 사르트르 같은 사람이 부럽습니다. 그는 할아버지와 아버지가 만든 서재가 있는 집에서 태어나, 서재마다 어마어마한 책들이 꽂혀 있는 문화적 환경 속에서 마음껏 책을 읽으면서 자라났으니까요. 그와는 달리 내 어린 시절에는 지적 결핍은 불가피한 당위였습니다. 그래서 적극적으로 책들이 쌓여 있는 곳, 조금 더 문화적 환경을 찾아다니면서 지

내가 읽은 책이 곧 나의 우주다

적 결핍을 극복하고자 안간힘을 다했어요.

열 살 때 논산의 한 시골 초등학교를 다니다가 서울 청운초등학교로 전학을 왔는데, 교실 뒤쪽 학급문고에 오십 권짜리 한국사 이야기가 꽂혀 있더군요. 그걸 다 읽었지요. 그다음 친구네 집에 놀러 갔는데 그의 형과 누나가 읽던 책들이 다락방에 쌓여 있는 걸 발견했어요. 국내 문학, 세계 문학, 역사나 철학 따위의 잡다한 책들이 잔뜩 있었습니다. 그걸 붙잡고 아무 체계도 없이 무작정 읽었습니다. 책 읽는 것에 재미를 붙였거든요. 그래서 날마다 친구 집에 놀러 가 그 책들을 꾸역꾸역 읽었습니다.

내가 어떻게 책을 접했을까 생각해 보면, 조금 불가사의하고 신기한 느낌도 듭니다. 내 주변에는 책을 읽는 사람이 없었거든요. 아버지가 책을 읽는 분이 아니었고, 어머니도 마찬가지였습니다. 책을 읽는 삼촌이나 형이 있었던 것도 아니고요. 그러니까 누군가로부터 영향을 받아 책을 읽은 것도 아니고, 누가 책을 읽으라고 권했던 것도 아닙니다. 그렇게 책과 나의 만남은 불가사의한 부분이 있어요. 내가 책을 좋아하게 된 것은 본능의 끌림이나 운명이라고밖에는 달리 설명할 도리가 없을 것 같아요. 책이 가까이에 있어도 누구는 읽지 않고, 누구는 책이 없는 환경 속에서도 찾아서 읽기도 하니까요.

실존적 외로움에 일찍 눈을 떴다는 사실도 책을 읽게 된 이유가 아닌가 생각됩니다. 나는 사람이 왜 태어나고 죽는가와 같은 근본적인 문제에 대한 의문을 아주 어릴 때부터 갖고 있었어요. 어린 나이에도 죽음에 대한 공포 같은 게 있었고요. 그런 것들에 대한 의문과 호기심 따위가 나를 책 읽기로 떠다민 게 아닌가 싶어요. 답을 찾으려다 보니 다양한 책을 읽게 되고 나중에는 책 읽기 자체가 즐거움이 된 거지요.

그러다가 열다섯 살 때 시를 써서 당시 유명한 학생 잡지에 투고했는데 그 시가 뽑혀서 잡지에 실렸습니다. 그다음 고등학교에 올라가서는 소설을 투고했는데 그것도 게재되었고요. 그때만 해도 재능에 대해 반신반의했어요. 글을 쓰면서 평생을 살 수 있을까? 글쓰기를 통해서 생계 문제를 해결할 수 있을까? 이런 고민들을 본격적으로 했지요. 국립도서관에 스스로를 유폐하고 마구잡이로 책을 읽던 스무 살 무렵에는 회색빛 미래에 대한 불안, 확신할 수 없는 재능, 다른 아무것도 잘할 자신이 없다는 절망, 그리고 과연 이 선택이 옳은가 하는 회의 속에서 하루하루를 보냈습니다. 그러다가 글을 써서 생계를 해결하는 삶을 살아야겠다는 결심을 하게 됩니다.

그 시절 그런 결정을 내리는 데 가장 큰 영향을 끼친 사람은 《아웃사이더》라는 책을 써서 유명해진 영국 작가 콜린 윌슨이에요. 콜린 윌슨 역시 나와 비슷하게 열일곱 살에 정규 교육과정에 등을 진 채 국립도서관을 다니며 지식 체계를 쌓은 사람이거든요. 그는 여섯 달은 노동을 하고, 남은 여섯 달은 앞서 노동을 해서 번 돈으로 살면

내가 읽은 책이 곧 나의 우주다

서 도서관에 틀어박혀 책만 읽었다고 해요. 그러다가《아웃사이더》라는 책을 써내서 세계적인 작가로 도약했지요. 콜린 윌슨의 삶에서 많은 자극과 영감을 얻었습니다. 내가 평생 글쓰기를 생업 삼아 살겠다고 결심한 것은, 내게 재능이 있다는 확신이 있어서가 아니라 근면한 글쓰기, 쉬지 않는 글쓰기를 할 수 있다는 자신감 때문이었습니다. 내게 그런 글쓰기 재능은 있는가 보다 했지요. 그 전부터 책은 많이 읽어 오기도 했고요.

지난 40여 년 동안 팔십여 권이 넘는 책을 써냈어요. 하루 여덟 시간씩 책을 읽고 네 시간씩 글을 쓰는 자신을 '문장 노동자'라고 부르기도 합니다. 최근에는 읽고 쓰는 법에 대한 나만의 생각과 비결을 담은《글쓰기는 스타일이다》라는 책을 펴내기도 했고요. 이 책에서도 얘기했지만 글쓰기의 본질이란 '자신이 말하고 싶은 것을 자신의 스타일로 정확하게 쓰는 것'입니다.

종종 어떤 글이 잘 쓴 글이냐는 질문을 받는데, 나는 그때마다 마음에서 우러나오는 것을 자기답게 표현하는 것이 좋은 글, 잘 쓴 글이라고 얘기합니다. 또 자기만의 스타일이 있는 글이 잘 쓴 글입니다. 훌륭한 작가들은 모두 자기만의 스타일이 있어요. 박경리, 이청준, 최인훈, 김연수, 김훈, 카프카, 보르헤스, 헤밍웨이, 나보코프, 로맹 가리…… 각자 삶의 파고를 헤쳐 나가며 하나의 스타일을 완성해 간 작가들입니다. 스타일이 좋기 때문에 독자들에게 사랑받고, 작가로서 성공할 수 있었던 것이고요. 스타일이라는 것은 곧 쓰는 사람의 삶, 경험, 자세, 태도가 글로써 나타나는 것을 말합니다.

최근 몇 년 사이 글쓰기와 관련한 책들이 많이 나오고 있습니다. 디지털 문화가 발달하는 가운데서도 글쓰기의 필요가 늘고 있는 것이 모순적으로 느껴지기도 합니다. 그런데 조금만 생각해 보면 디지털 중심의 사회가 되면서 사람들이 글 쓸 일이 더 많아졌다는 걸 알수 있어요. 우선 에스앤에스SNS를 얼마나 많이 사용합니까? 그게 전부 글쓰기 행위입니다. 다만 그런 글쓰기는 대개 단편적이라는 한계가 있어요. 순간적으로 떠오르는 생각과 느낌만을 전달하려다 보니 체계적인 지식이나 깊은 사고를 필요로 하지 않습니다.

나만 해도 요즘에는 손으로 글 쓸 일이 거의 없어요. 아이티 기술이 일상으로 깊이 들어오면서 사람들은 손으로 글을 쓰는 것보다 컴퓨터 키보드를 두드리는 것에 훨씬 익숙합니다. 어쩌면 책 내는 사람들을 필자가 아니라 타자라고 부르는 게 맞을지도 모르겠어요. 그러나 어쩌겠습니까? 시대의 흐름이니 이런 도구적 변화를 자연스럽게 받아들여야 하겠지요.

물론 그렇다고 해도 글쓰기의 본질이 달라져서는 안 된다고 생각합니다. SNS에 글을 쓰면서 극단적 줄임말을 사용하거나 기호나 이모티콘 사용이 늘고 있는 것에 대해서도 고민을 해봐야 합니다. 일종의 문법 파괴라고도 할 수 있는데 이런 것들은 결코 좋은 글쓰기라고 할 수 없어요. 그런 글쓰기는 같은 세대 사이에서는 통할지 몰라도 세대가 달라지면 소통이 불가능해지기 때문이에요. 글쓰기의 본질 중 하나인 소통에 장애가 되는 일이지요.

글쓰기는 작가뿐만 아니라 누구에게나 필요한 일입니다. 산다는 것은 세계를 향해 자기를 표현하는 일이고, 글쓰기는 자기를 표현하는 가장 적합한 방법이니까요. 따라서 글을 쓴다는 것은 자신의 존재를 증명하는 일이기도 합니다. 글쓰기가 막막하다면 일기를 쓰는 것부터 시작해 보는 것도 좋아요. 그리고 여행을 떠나는 것도요. 우리는 뇌를 낯선 상황에 노출해 예민하게 깨울 필요가 있습니다. 알랭 드 보통Alain de Botton은 자신의 책 《여행의 기술The Art of Travel》에서 "여행은 생각의 산파"라고 말하기도 했는데, 우리의 뇌는 낯선 상황에 놓일 때 세계와 사물을 새롭게 인지하고, 굉장히 창의적으로 반응하기 때문이에요. 그래서 여행을 다녀오면 쓸 게 많아지는 겁니다.

4장.

책은 내면에 사유의 씨앗을 파종한다

자신만의 도덕과 규범을 만드는
가장 쉽고 좋은 방식은 무엇일까요?
나는 인생 선배들이 쓴 훌륭한 책들을
읽는 것만 한 것이 없다고 생각합니다.
특히 고전으로 평가받는 책들을 많이 읽어야 합니다.
살면서 그런 책들을 읽어 나가야 자기만의 숨은 도덕과
규범, 질서를 위한 튼튼한 토대를 만들 수 있어요.
그리고 그걸 바탕으로 인생에서 거센 파도를
만나더라도 극복할 힘을 가질 수가 있습니다.

책은 내면에 사유의 씨앗을 파종한다

시 하나에 담긴
인생의 철학

마흔 해 동안 쉬지 않고 책을 읽고 글을 써왔습니다. 그러다 보니 나는 부지런한 사람으로 통합니다. '독서광', '다작多作' 같은 단어가 이름 앞에 일종의 '호號'처럼 붙기도 하고요. '다작한다'는 말에는 결국 많이 쓰기 위해 '질'을 희생하는 게 아니냐는 의심과 질책이 희미하게 깔려 있어요. 그런데 나는 군이 '질'을 추구한 적도 없지만, 다른 한편으로 애써 '양'을 추구한 적도 없습니다.

그저 매일 새벽에 일어나 책상 앞에 앉아서 몇 자씩 적어 나갑니다. 그게 모여서 책이 되는 것이고요. 정체성은 '날마다 읽고 쓰는 사람'이에요. 사실 날마다 쓰는 양이 그리 많은 건 아닙니다. 그러나 거의 하루도 쉬지 않고 쓰기 때문에 그게 모이면 꽤 많은 양이 됩니다. 내 다작의 비결이 있다면 이게 전부입니다. 내가 책상 앞에 앉아 꾸역꾸역 글을 쓰는 것은 내 안에 있는 결핍들을 채우기 위한 자연스러운 '리듬'이고요.

요즘 사람들은 책도 안 읽지만 특히 시와 점점 멀어지고 있다는 느낌이 듭니다. 그래서 나는 종종 사람들에게 '이렇게 좋은 시를 안 읽으면 자신만 손해'라고 말합니다. 왜 그런 말을 하는가 하면 시를 읽으면 얻을 수 있는 것이 너무 많기 때문이에요. 시를 읽으면 우선 감성 세계가 풍요해집니다. 감성 세계가 풍요해지면 삶이 풍요롭고 윤택해지고요.

은유와 상징으로 이루어진 시는 인간 의식 활동의 정수입니다. 사람들이 단단하고 멋진 몸을 만들겠다고 헬스클럽에 가는 것처럼 평소 뇌도 단련해야 한다고 생각해요. 뇌도 유산소 운동과 근력강화 운동을 해야 하는 거지요. 그래서 시를 읽으면 뭐가 좋냐고 묻는 사람들에게 이렇게 얘기하고 싶어요. '시 읽기는 뇌의 유산소 운동이다.' 시를 많이 읽으면 정말로 뇌가 유연해지고 강해집니다.

시는 좋은 친구와 같아요. 좋아하는 시인의 시집을 갖고 다니면서 시간이 날 때마다 읽고 그 뜻을 음미하고 사유해 보세요. 분명 삶에 큰 도움이 될 겁니다. 그런데 요즘 사람들은 그 정도의 여유도 없는 것 같아요. 다들 속도와 효용성, 실적주의에만 내몰리고 있는 것처럼 보입니다. 생존에 대한 절박함, 돈에 대한 갈급한 욕구 같은 것들이 정서적 풍요를 구하려는 마음을 사라지게 하는 거지요. 어찌 보면 시는 예전이나 지금이나 변함없이 사람에게 위로를 주지만 사람들이 더 이상 손을 내밀려고 하지 않는 것처럼 보이기도 합니다. 그런 점이 참 안타깝게 느껴집니다.

1980년대에 직접 출판사를 운영하면서 서정윤 시인의 《홀로서기》 등 베스트셀러 시집을 많이 냈습니다. 《홀로서기》가 나온 게 1987년인데, 그 시절에는 정치적 자유가 제약되어 있었습니다. 반면 사회 밑바닥에서는 민주화에 대한 요구가 용암처럼 끓어오르고 있었고요. 그래서 민중시, 투쟁시 같은 것들이 큰 흐름을 이루었습니다. 나는 그 시들이 지향했던 정치적 올바름에 대해서는 더 할 말이 없습니다. 다만 아쉬운 것은 그런 흐름의 시들 중 일부는 도덕적 상투성으로 떨어져 버렸다는 거예요. 아무 감동도 없는 시들이 양산되었던 거지요. 그때 《홀로서기》라는 시집이 나왔는데 맑고 투명한 언어들로 사람들의 영혼을 따뜻하게 어루만져 주는 시로 많은 독자들의 사랑을 받았습니다.

사실 시집이 그렇게 많이 팔리는 것이 정상적인 일은 아니에요. 비정상적이라고 말할 수도 있습니다. 《홀로서기》라는 시집이 그렇게 사랑받았던 것도 왜곡된 시대가 만든 결과였다고 생각해요. 사람들이 정신적으로 피폐해진 나머지 시에서 위로를 구했던 거지요. 그런데 지금 사람들에게는 위로보다 더한 것이 필요한 것 같아요. 시가 그걸 주지 못하니까 외면받는 것은 아닐까 하는 생각도 듭니다.

내가 쓴 시 〈대추 한 알〉이 2008년에 광화문 교보빌딩 글판에 걸리면서 큰 사랑을 받았습니다. 어떤 사람은 그 시 앞에서 전율을 느꼈다고도 해요. 〈대추 한 알〉은 예전에 정호승 시인이나 문태준 시인 등이 좋은 시로 뽑아 신문에 소개한 적도 있었어요. 시인들이 먼저 그 가치를 알아본 거지요. 그래도 그렇게 많은 사람들 입에 오르내리는 유명한 시가 될지는 상상도 못 했던 일입니다. 자기가 쓴 시가 독자들에게 애송되고 사랑받는 것만큼 시인에게 행복한 일이 어디 있겠습니까? 마치 내 자식이 어디 나가서 상을 받아 온 것같이 뿌듯한 기분이 들었지요.

나는 예전부터 하이쿠처럼 짧고 쉬운 시가 끌렸습니다. 그래서 한 삼 년 동안 하이쿠에 집중하며 파고들었던 적도 있어요. 사실 시는 언어를 부리고 쓰되 늘 언어에서 벗어나려는 성향이 있거든요. 나는 궁극적인 시는 언어가 절멸한 곳에서 비언어적으로 존재하게 된다고 말해 왔습니다. 그런 점에서 선禪과 같다고 볼 수도 있지요.

하이쿠는 일본에서 시작한 시의 한 양식이지만 세계적으로 큰 인기를 얻고 있습니다. 그런데 우리에게도 하이쿠에 견줄 만한 문학 양식이 있다는 걸 알고 있는 사람은 그리 많지 않은 것 같아요. 바로 시조입니다. 나는 시조를 공부하면서 시조의 즐거움, 시조의 문학적 가능성 같은 걸 새롭게 발견했습니다. 출간하는 시집에 시조를 넣기도 했고요. 굳이 시조라고 얘기하지 않아서 사람들이 잘 모르는데 아는 사람은 금방 알아보더라고요. 언젠가는 잡지에 낸 시를 보고 한 시조 시인이 전화를 걸어왔어요. 훌륭한 시조였다고, 술 한번 사겠다고요. 그런데 대부분의 사람들은 내가 시조를 쓴다고 상상하지 못하고 그걸 그냥 시로 읽습니다.

시조는 율격의 구속을 자발적으로 받아들이는 겁니다. 그 정형적 율격에 순응하되 그것을 벗어나야 좋은 시조가 되지요. 억지로 꿰어 맞추는 게 아니라 그걸 가지고 노는 겁니다. 사람들이 〈대추 한 알〉이라는 시를 좋아하는 것은 단순해서예요. 단순하면서 뜻이 명료하고 강한 느낌을 줍니다.

대추 한 알

저게 저절로 붉어질 리는 없다.
저 안에 태풍 몇 개
저 안에 천둥 몇 개
저 안에 벼락 몇 개

저게 저 혼자 둥글어질 리는 없다.

내가 읽은 책이 곧 나의 우주다

저 안에 무서리 내리는 몇 밤

저 안에 땡볕 두어 달

저 안에 초승달 몇 낱

이게 다거든요. 군더더기가 없어요. 사람들은 이 시를 읽으면서 '대추 한 알이 익는 데도 천둥이 필요하고 벼락도 필요하구나' 하고 생각해요. 사자성어 하나가 딱 떠오르지 않습니까? '고진감래苦盡甘來'. 쓴맛이 다하면 단맛이 온다. 인생의 단순한 철학이 그 안에 담겨 있는 거예요. 그러다 보니 시를 모르는 사람도 그걸 금방 아는 거지요.

단순하고 느리게
사는 것의
기쁨

오랜 서울 살림을 정리하고 안성에 내려가서 '수졸재'라는 집을 지어 15년째 살고 있습니다. 시골에 살면서 자연과 벗하고 단순하게 사는 기쁨을 알게 되었어요. 새벽에 일어나 책 읽고 글 쓰고, 낮에는 자연휴양림을 찾아 걷고, 밤에는 일찍 잠듭니다. 나는 잠이 많은 편은 아니지만, 충분히 자지 않으면 종일 몸이 처져요. 그래서 잠은 충분히 자려고 노력합니다. 일찍 잠자리에 드니까 자연스럽게 새벽 일찍 눈이 떠져서 항상 새벽 네 시에 일어나 글을 쓰고, 오후에는 삽살개와 함께 산책합니다. 새벽에 일어나 책을 읽고 글을 쓰는 생활이 내 생체 리듬에는 맞는 것 같아요. 중요한 것은 몸과 마음의 균형과 조화를 잃지 않는 것입니다. 그래서 오전엔 일하고, 오후 서너 시쯤에는 만사를 제쳐 놓고 반드시 산책하러 나갑니다. 봄이면 모란과 작약을 보는 즐거움이 있고, 가을에는 낙엽이 지는 걸 바라보며 차를 마시는 기쁨이 있어요.

시골에 살면서 가장 좋았던 것은 늘 평상심을 유지하게 되었다는 겁니다. 마음이 고요해지니까, 안 보이던 것들도 보이게 되었지요. 시골에서는 자연이 다 내게 가르침을 주는 스승이요, 부처였습니다. 날마다 만나는 물은 수면불水面佛이고, 나무는 목면불木面佛이고, 달은 월면불月面佛입니다. 이들과 날마다 얘기를 나누니, 즐겁게 살아가지 않을 수가 없었지요. 또 집 앞에 텃밭을 가꾸면서 시골생활의 소소한 즐거움을 느끼기도 했습니다.

시골로 내려갔을 때, 직장에 다니는 사람들이 회사에서 일하는 만큼 나도 규칙적으로 읽고 쓰는 일에 매달리자고 결심했습니다. 그 뒤로 하루에 여덟 시간 이상 읽고 쓰는 일을 하고 있습니다. 때마침 좋은 출판사와 인연이 닿아서 계약이 이루어지고 집필에 들어갔고요. 그렇게 읽고 쓰는 생활을 이어 가는 동안 나도 놀랄 만큼 저서가 늘어났어요. 그게 가능했던 이유는 몸과 마음이 글쓰기에 최적화된 상태로 만들 수 있을 만큼 편안했기 때문입니다.

단순화는 시골생활이 주는 크나큰 지복 중 하나입니다. 지금도 거주지를 안성으로 옮긴 것이 내가 한 일 중에 가장 잘한 일이라고 생각해요. 모성母性이 그렇듯 자연은 무수한 '사이'들을 품고 있어서, 이 세상의 무례함과 폭력에 상처 받은 우리의 자아를 그 안에 숨기고 치유할 수 있습니다. 그게 바로 자연의 힘이지요. 또 자연을 만나 나의 사유가 풍부해진 것도 사실입니다. 그래서 인문학적 무지 때문에 끝없이 나 자신을 채찍질하며 책을 읽지만, 주말에는 철저하게 쉬려고 합니다. 사람들을 만나 차를 마시거나 가까운 산을 찾아 오르기도 하고요.

무엇보다 시골에 내려온 후 노자와 장자를 읽을 수 있는 자유가 조건 없이 풍성하게 주어졌습니다. 안성에서의 첫 시작은 백수 노릇이었으니까요. 덕분에 노자와 장자를 백 번 이상씩 읽어 낼 수 있었습니다. 물론 지금도 노자와 장자의 그 심오한 철학을 다 이해하고 내 것으로 만들었다고 말할 수는 없습니다. 그럼에도 제 심성이 너그러워진 부분이 있다면 그건 두 현자의 힘이 크다고 생각합니다. 인생에 대한 긍정과 여유, 넉넉한 관조적 시선, 잃어버렸던 웃음을 되찾게 했으니까요. 마음을 비우고 욕심을 덜어내니, 인생이 훨씬 더 살 만한 것으로 다가오더군요. 가능한 한 단순하게 살고 책 읽기와 명상, 들길이나 산길 걷기에 집중했기 때문에 지난 세월 그 많은 책들을 읽어 내고, 지치지 않고 책들을 써낼 수 있었습니다.

나는 책 읽기를 농사에 비유하고, 책 읽는 즐거움을 파종 후 거둬들인 '이삭'이라고 표현합니다. 책들은 내 내면의 텃밭에 사유의 씨

내가 읽은 책이 곧 나의 우주다

앗들을 파종하지요. 책을 읽는 일이 즐겁다고 했지만, 책을 읽고 있는 순간 그런 즐거움을 느끼는 일은 사실 많지 않습니다. 대개의 즐거움은 추후의 이삭들이지요. 또 쓰는 것은 즐겁다기보다는 고통스러운 일입니다. 그래서 쓰는 것의 즐거움 역시 그것을 끝낸 후의 일입니다. 무엇보다 내게 책을 읽는 것과 글을 쓰는 것은 불이不二의 세계입니다. 날마다 책을 구해 읽으니, 그것들이 내 안에서 융합을 이루며 글의 촉매 역할을 합니다. 아마 책을 읽지 않았다면 나는 어떤 글도 쓰지 않았을 겁니다.

지난 5년간 읽은 책 중에서 가장 여러 번 읽은 책이 노자의《도덕경》입니다. 그만큼 내 삶과 생활에 깊은 영향을 끼친 책입니다. 내가 노자에게서 배운 것은 지식이 아니라 지혜입니다. 그 지혜의 수혈로 말미암아 옹졸한 인격은 다소 너그러워졌고, 삶을 혼란으로 밀어 넣고 뒤흔들던 내 욕망의 부피도 줄었습니다. 또 노자를 만나고 나서야 비로소 소박하게 사는 것의 가치를 알게 되었고, 비움과 느림의 기쁨을 더 예민하게 느끼게 되었습니다. 내 삶에 의미 있는 변화가 일어났다면 그건 모두 노자 때문이라고 말할 수 있을 정도입니다. 그 지혜를 다른 사람들과 나누고 싶어서 노자에 관한 책을 쓰기도 했습니다. 2013년에 쓴《아들아, 서른에는 노자를 만나라》라는 책입니다. 이 책이 나왔을 때 제목에 아들이 등장해서 신선했다는 얘기를 듣기도 했지요.

내게는 서른이 넘은 아들 둘이 있습니다. 이른바 '88만 원 세대'에 속하는 그들도 인생이란 짐을 지고 팍팍한 세상에 맞서며 힘들게 살아가고 있습니다. 삶이라는 고난의 행군을 하는 아들들을 바라보며 아버지로서 무언가 전해 주고 싶다는 마음이 있었습니다. 삶의 지혜를 전해 준 노자가 그들에게도 새로운 깨우침과 생각의 자유를 줄 수 있다고 생각했어요. 그래서 이 책을 쓰게 되었습니다. 구체적으로 얘기하자면, 첫째, 욕심을 비우고 사는 것의 즐거움을 나누기 위해, 둘째, 실현 가능한 행복이 무엇인지에 대해 얘기를 나누며 진지하게 소통하기 위해, 셋째, 삶의 덧없음을 넘어서는 궁극의 진리와 배움의 가치를 깨우치기 위해서였지요.

내가 이 책을 통해 하고 싶었던 얘기는 덜 먹고 덜 소유하고, 반면에 더 많이 생각하고 더 많은 자유를 누리라는 겁니다. 그것은 근본에 대한 성찰과 소박한 생활을 지향할 때 비로소 가능한 것들이지요. 무엇보다도 자유로워지라고 얘기하고 싶어요. 삶은 자유라는 토양 속에 뿌리를 내릴 때 꽃피울 수가 있기 때문입니다.

특히 피로에 지친 현대인들에게는 이런 말을 해주고 싶습니다. 마음을 떠받들지 말고, 마음을 굶겨라! 마음을 굶기는 걸 심재心齋라고 합니다. 동양 철학자들은 다 같이 마음을 굶기라고 말합니다. 소유와 물질에 대한 욕망을 비우고, 몸과 마음이 단순해지면 세상이 훨씬 더 살 만해집니다. 욕망이란 건 집착인데, 거기서 벗어나면 자유로워지고, 자유로워지면 피로 따위도 없습니다. 마음을 굶기고 비우면 그 자리에 활기찬 생명력이 들어차기 때문입니다.

욕망이 그친 곳에는 느림이 찾아옵니다. 느림은 심장 박동의 속도이고, 들숨과 날숨의 장엄한 우주적 리듬입니다. 오솔길을 느리게 걸어 보세요. 숲의 향기, 바람의 쾌적함, 몸을 떠받드는 대지의 안정감이 오롯이 내 것이 됩니다. 또한 느림은 쉼이고, 여유이고, 한가로움입니다. 온갖 즐거움을 누리고 행복을 누릴 수 있는 느림이 없다면 즐거움도 행복도 없지 않을까요?

그런데 생산과 효율성을 신으로 섬긴 현대인들은 이 느림을 게으름으로 낙인찍고 쫓아버렸어요. 느림이 가져오는 평화, 안식, 창조의 기쁨을 생각해 보면 실로 어리석고 무지한 행위입니다. 느림이 가져다주는 평화와 더불어 살아가는 삶을 버린 곳에 무한 경쟁과 살인적 속도를 추구하는 현대문명이 들어서고, 그것들이 이제 세상을 지배하고 있습니다. 그 결과 어디에나 물질적 풍요는 넘치지만 삶은 누추하고 비루해졌어요. 행복의 유효기간은 더없이 짧아지고 불행의 유효기간만 길어지게 된 거지요.

버리고 비우고
나누는 삶

노자와 장자는 둘 다 비움을 강조하는 철학자들입니다. 노자는 《도덕경》 12장에서 이렇게 말합니다.

다섯 가지 색깔은 사람의 눈을 멀게 하고, 다섯 가지 음은 사람의 귀를 먹게 하고, 다섯 가지 맛은 사람의 입맛을 해친다. 말 달려서 사냥하는 일은 사람을 미치게 하고, 얻기 어려운 재화는 사람의 행동을 망친다.

영롱한 색깔은 눈을 즐겁게 하고, 아름다운 소리는 귀를 즐겁게 하고, 오묘한 맛은 혀를 즐겁게 하지요. 그런데 영롱한 색깔과 아름다운 소리, 오묘한 맛을 지닌 음식을 향하는 마음에 만족이 있을까요? 욕망은 끝이 없습니다. 그리고 욕망이 뻗어 가는 대로 두면 탐욕으로 변질합니다. 탐욕은 마음을 시끄럽게 하고, 불필요한 근심들을 키우지요. 우리가 왜 탐욕을 그쳐야 하는지는 명백합니다. 그래서 노자도 "그칠 줄 알기 때문에 위태롭지 않다"고 했어요. 나 역시 비움으로써 근심이 줄고, 삶은 조촐해졌습니다.

공자는 항상 "인간이 되어라"라고 말합니다. 인의예지를 갖춰라. 어른 만나면 예절 바르게 인사 잘하고, 인간이 되라고 끊임없이 얘기해요. 그런데 그게 자칫하면 형식 논리 속에 삶을 가두는 측면이 있거든요. 그런 맥락에서 장자는 공자를 보고 '너는 나보다 하수야'라고 말하는 듯합니다. 장자는 이렇게 말합니다. "짐승이 되어라." 또 너의 타고난 바 본성대로 살아라. 인간이 되는 순간 너는 거기에 구속된다. 그러니 네가 자유롭게 살려면 짐승이 되라고 말합니다.

노장사상의 중요한 개념이 '무위無爲'입니다. 무위의 반대는 '인위人爲'이고요. 아무것도 하지 마라. 하지 않음으로 함을 일삼으라 하는 것. 그게 무위예요. 그리고 비우고 버려라. 노자는 이렇게도 말합니다. "완벽한 비움에 이르러, 고요함을 착실하게 지킨다." 욕망은 마음을 요동치게 해요. 욕망이 마음에서 요동치는 한 고요하지 못하지요. 그리고 마음이 고요하지 못하고 시끄러우면 편안하지 못합니다.

시골로 거처를 옮긴 뒤 비우고 버리려고 내 안을 들여다 보니 그 안에 너무나 많은 것들이 쟁여져 있는 거예요. 한 10년 동안 그걸 부지런히 내다 버렸습니다. 그런데도 내 안에서 비우고 버려야 할 것들이 아직도 꾸역꾸역 나옵니다.

우리는 버려야만 비울 수 있습니다. 또 버린다는 것은 적극적 의미로는 나눈다는 뜻을 품고 있어요. 물질은 물론이거니와 마음까지도 나눠야 합니다. 나누면 서로 소통이 되고 함께 행복해질 수 있어요. 하지만 보통 사람들은 나누기는커녕 빼앗으려고 하지요. 내가 두 개를 가지고 있고 다른 사람이 하나를 가지고 있으면, 공평하게 나누려고 생각하지 않고 '저 사람이 가진 것을 빼앗으면 내 것이 세 개가 될 텐데'라고 생각합니다. 아무것도 안 가진 사람에게 하나를 주면 세 사람이 똑같이 하나씩 가질 수 있는데도 그렇게 하지 않습니다.

비움이란 내 안에 있는 욕망을 덜어내는 일입니다. 아울러 내가 가진 것들을 더불어 나눔으로써 비로소 가능한 청정한 삶에 깃드는 그 무엇입니다. 남과 나누면 행복해지지만, 자기 안에 채우기만 하는 사람은 그 채움 때문에 반드시 고통스러워집니다. 분에 넘치게 추구하는 것은 몸을 고되게 하고, 만족할 줄 모르는 것은 인생을 고단하게 만듭니다. 그러므로 우리는 고요해지기 위해 더 많이 비우고, 비움을 넘어 나누어야 합니다. 그렇게 얻은 고요는 우리의 삶을 명예롭게 합니다.

흔히 자기가 다 가지면 행복해질 거로 생각하지만, 사실은 그렇지 않습니다. 남이 가진 걸 빼앗으려다 보면 불화가 생기고 갈등이 커져서, 결국은 분쟁이나 전쟁으로 이어지기 때문입니다. 하지만 내가 가진 하나를 아무것도 가지지 않은 사람에게 주면 준 사람은 주는 기쁨으로 행복해지고, 받은 사람은 받는 기쁨으로 행복해집니다.

인생의 파도를
극복하는 힘의 원천,
고전

몇 년 전부터 강연 요청을 많이 받고 있습니다. 강연 주제는 그때마다 다릅니다. 인간과 문명 변화를 주제로 얘기할 때도 있고, 노자나 장자 같은 동양철학에 관해서 얘기할 때도 있습니다. 또 요즘 사람들의 큰 관심사인 행복에 관해서 얘기할 때도 있고요. 다독가로 알려지다 보니 책 읽기와 창의성에 관해서 강연할 때도 있습니다.

언젠가 서울 고척도서관에 강연하러 가서는 그런 얘기를 했습니다. 아주 어렸을 때부터 아이들에게 책 읽는 습관이 몸에 배게 하라, 그러면 사교육비를 크게 들이지 않고도 아이를 잘 키울 수 있다. 강연을 들으러 오신 분들이 거의 어린 자녀를 둔 어머니들이었는데 아

내가 읽은 책이 곧 나의 우주다

주 열심히 들으시더라고요. 이렇게 그동안 배워서 알게 된 내 머릿속에 들어 있는 지식을 강연에서 얘기합니다. 이 모든 것들이 다 책에서 나온 것들입니다. 책은 내가 얻고자 하는 양질의 지식을 가장 적은 경비로 얻을 수 있는 수단이거든요.

잘 산다는 것은 무엇일까요? 나는 잘 소통하는 것이라고 생각합니다. 가족과 소통하고, 아이들과 소통하고, 동료들과 소통하고, 일과 소통하고……. 우리는 잘 소통하기 위해 다른 사람들과 나 사이의 공감대를 찾고 내 안의 감성을 열어젖혀야 해요. 만약 회사원이라면 회사 업무만 하고 사는 게 아니라 가끔은 자기가 좋아하는 일을 적극적으로 찾아서 할 줄도 알아야 합니다. 그게 정원 가꾸는 일이 될 수도 있고, 카메라를 들고 사진을 찍는 일이 될 수도 있겠지요. 그렇게 자기가 좋아하는 일을 찾아서 즐기다 보면 팍팍하고 건조해진 삶에 조금씩 물기가 생깁니다. 거기에 더해 항상 책과 가까이하는 생활을 하면 좋겠지요.

사과를 두 개 가진 사람이 행복할까요, 한 개 가진 사람이 행복할까요? 한 개가 되었든 두 개가 되었든 그걸 깨물어 먹으며 사과 먹는 즐거움을 느낄 줄 아는 사람이 행복합니다. 이렇게 행복은 조건의 문제이기보다는 누림의 문제입니다. 그래서 지금의 행복을 누릴 줄 모르는 사람은 나중에도 결코 행복해질 수 없는 거지요.

요즘 사람들은 과도한 행복강박증에 빠져 있는 듯합니다. 나는 사람이 태어난 것은 행복해지기 위한 것은 아니라고 생각해요. 다만 기왕에 태어났으니 불행하고 고통스럽기보다는 즐겁고 행복하게 살고 싶은 게 누구나의 소망이겠지요.

그렇다면 어떻게 하면 행복해질 수 있을까요? 나는 우리가 사는 세상의 물질적 조건이나 사회적 조건도 중요하겠지만, 무엇보다도 관계와 소통의 즐거움 속에서 행복을 찾아야 한다고 생각해요. 열린 감성으로 사람과 자연을 대하고, 살아 있는 모든 것들에 대해 측은지심을 가져야 합니다. 그러려면 자연이나 타인과 잘 소통할 줄 알아야 하는데, 요즘 사람들은 소통하는 방법을 잊어버렸어요. 자기의 감정, 느낌, 마음을 누군가에게 전달하는 데 어려움을 겪는 사람들이 많습니다. 감성과 이성의 균형을 이뤄 존재 전체로서 살지 못하고, 도구적 이성, 혹은 기능적 이성으로서만 대응하며 사는 거지요. 그러면 삶이 좁아지고 건조해질 수밖에 없습니다.

예를 들면 아빠나 남편으로서 살아가는 사람이 있는데 그에게 수행해야 할 최소한의 의무만 있을 뿐 그 안에 진정한 사랑이 용솟음치는 마음이 없는 겁니다. 마음이 다 죽어버린 거지요. 그러면 자기뿐만 아니라 가족들까지 참 불행해집니다. 가끔 우리 주변을 둘러싸고 있는 사람들이 하나같이 기계처럼 사는 것 같다는 생각을 합니다. 그들은 회사에 가서는 회사-기계 혹은 노동-기계로 살고, 집에 와서는 아빠-기계 혹은 남편-기계로 삽니다. 심지어는 사랑할 때조

내가 읽은 책이 곧 나의 우주다

차 진심 없이 그저 사랑-기계가 되어 버리는 사람도 있습니다.

사람이라면 살아가면서 힘들 때가 반드시 있습니다. 그런 인생의 거센 파도를 극복하는 힘의 원천은 무엇일까요? 거센 파도에 쓰러지지 않으려면 밖에서 강요하는 도덕이나 법 말고 자기 안에 도덕이나 규범이 바로 서 있어야 합니다. 그런 것들이 인생의 위기에 우리를 지켜 주기 때문입니다. 즉 자기만의 도덕과 규범이 있고, 그것에 충실한 삶을 살아가야 합니다. 그게 없으면 무리 속에 휩쓸려서 자기를 잃어버릴 수 있거든요. 자기만의 세계가 있는 사람과 없는 사람은 삶의 모습이 다릅니다. 그러므로 자기가 어떤 존재인지 알고, 자기를 지탱하는 최소한의 원리로서 숨은 도덕과 질서, 규범을 깨닫고 살아가야 한다고 생각해요. 거기에 더해 예민한 양심을 갖추고 살아가는 것도 중요하겠지요.

나는 강연을 할 때 특히 이십 대에 자신만의 삶의 원칙을 만들기 위해 부단히 애를 써야 한다고 강조합니다. 그러면 자신만의 도덕과 규범을 만드는 가장 쉽고 좋은 방식은 무엇일까요? 나는 인생 선배들이 쓴 훌륭한 책들을 읽는 것만 한 것이 없다고 생각합니다. 특히 고전으로 평가받는 책들을 많이 읽어야 합니다. 살면서 그런 책들을 읽어 나가야 자기만의 숨은 도덕과 규범, 질서를 위한 튼튼한 토대를 만들 수 있어요. 그리고 그걸 바탕으로 인생에서 거센 파도를 만나더라도 극복할 힘을 가질 수가 있습니다.

5장.

책은
어떻게 인생을
만드는가(인터뷰)

항상 내 인생에서 가장 훌륭한 시,

가장 아름다운 노래, 최고의 날들은 오지 않았다고,

그것은 미래에 이루어질 일이라는 기대를 품고 사는 게 중요해요.

넓은 바다, 불멸의 춤, 빛나는 별들을 만나지 못한 것은

미래가 품고 있는 것들이기 때문입니다.

그러니 실망할 필요는 없다는 것이지요.

시가
밥이나 명예를
주지는 않지만

Q 선생님의 최근 근황은 어떠신가요?

A 여전히 책 읽고 글 쓰며 살고 있습니다. 책이 나오면 인터뷰도 하고 강연도 자주 다닙니다. 기업체나 도서관, 공무원이나 교사 등 다양한 곳에서 다양한 사람들에게 강연합니다. 강연 주제는 그때그때 달라요. 책 읽기나 글쓰기에 관해 강연하기도 하고, 행복이나 창의성에 관해 강연하기도 합니다. 아마도 당분간 이런 생활을 계속할 것 같고요. 몇 년 안에 거처를 제주도로 옮길 계획을 하고 있습니다. 제주도에 집필실과 작은 여행자 도서관을 만들려고 해요.

내가 읽은 책이 곧 나의 우주다

지금도 여러 가지 주제에 관해 다양한 책들을 쓰고 있지만, 가장 좋은 책은 제일 마지막에 쓰는 책이 될 거라고 생각합니다. 그걸 제주도에 가서 쓰려고 해요. 이미 적당한 땅을 사놓았고, 설계할 건축가도 있습니다. 몇 년 뒤 건축물이 지어지면 그 책을 쓰면서 제주도에서 노년을 보낼 계획입니다. 마지막 책에는 더 작은 것, 소박한 것, 이런 쪽으로 사람들의 의식과 생활양식을 바꿀 수 있는 아주 정제된 글을 담고 싶습니다.

내가 제주도에 가려는 이유는 무엇보다 자연환경과 집중력 때문입니다. 책을 읽을 때나 책을 쓸 때 중요한 것이 집중력이지요. 집중력이 높을수록 생산성이 높아집니다. 반대로 집중력을 잃으면 읽기나 쓰기는 중단될 수도 있어요. 언젠가 와타나베 쇼이치의 《지적 생활의 발견》을 읽다가 이런 구절을 발견했습니다.

영국의 시인이자 비평가였던 새뮤얼 콜리지가 가장 아름다운 시로 알려진 〈쿠빌라이 칸〉을 쓸 때의 일이다. 영감에 심취해 50행째 쓰려 할 때 누군가가 찾아와 노크하는 소리가 들렸다. 그는 펜을 놓고 자리에서 일어났다. 그리고 문을 열고 방문객과 5분 정도 대화를 나누었다. 방문객이 돌아간 후 다시 책상 앞에 돌아와 앉았을 때 떠올랐던 영감은 이미 온데간데없었다. 그리하여 감미로움의 극치를 보여주는 시로 알려진 이 작품은 미완未完인

채로 남아 있다. 외부에 의한 작업의 중단이 창조적 활동에 얼마나 치명적인 영향을 미치는지 알려주는 대표적인 예라고 할 수 있다.

제주도로 가려는 꿈이 2~3년 안에 이루어지기를 기대하고 있습니다. 내려가게 되면 침묵과 칩거를 하면서 정제된 일생의 편력을 담은 중요한 책을 쓰고 싶어요.

Q 시인으로 산다는 것은 어떤 것인지 말씀해 주세요.

A 이십 대에는 시인이 된다는 것이 굉장히 멋지고 낭만적이라는 기분으로 살았습니다. 그런데 40년 가까이 시를 쓰면서 느끼는 것은 그때와는 달라요. 나는 중학교 2학년 때 《학원》지에 처음 투고한 시가 고은 시인에게 뽑히면서 시인이라는 이름과 인연을 맺게 되었습니다. 그때는 고은 시인이 누구인지도 몰랐지만, 어쨌든 그게 크게 자극이 되었어요. 그걸 시작으로 7~8편의 시들을 연속으로 발표하고, 이듬해 학원문학상에서 우수작 1석으로 뽑혔지요. 그 뒤 고등학교에 와서 단편소설을 써서 투고했는데, 소설가 임옥인 선생이 그 글을 뽑아 주셨습니다. 그러면서 전국의 문학소년들 사이에 이름이 나고 그들과 편지를 주고받으며 교류를 하게 되었습니다.

한 가지 아쉬운 것은 그 시절에 주변에 나를 이끌어 줄 만한 스승이 아무도 없었다는 거예요. 혼자 학교 도서관에 틀어박혀 책을 읽고, 내 길을 스스로 찾아야만 했어요. 그러다가 고등학교를 중퇴하고 시립도서관에 처박혀 쓴 시와 평론이 1970년대의 마지막 해에 두 군데 신문사의 신춘문예에 당선하면서 문단에 나오고, 그 뒤 출판사 편집부에 입사했지요.

아주 가끔 그때 혼자 외롭게 시립도서관에 처박혀 문학이나 철학책들을 읽는 대신에, 대학에 가서 자연과학 분야의 공부를 했으면 내 삶이 어떻게 바뀌었을까 생각해 볼 때도 있습니다. 아마 그랬다면 지금과는 삶이 크게 달라졌겠지요. 하지만 그때는 그런 여유도 없었고, 삶과 세계를 꿰뚫어볼 지적 능력이나 균형 잡힌 '인지적 자각' 같은 게 없었어요. 지금 와서 생각해 보면, 이십 대 초반에 이미 문학을 숙명으로 고분고분 받아들였던 게 아닌가 싶어요. 그렇게 시와 나라는 존재가 운명적으로 묶여 있었던 것 같습니다.

물론 그때나 지금이나 가장 확실한 것은 시를 쓸 때 제일 행복하다는 사실입니다. 그래서 삶에 대한 압박감이 커지면 정신적 피난처 삼아 시를 더 쓰려고 노력합니다. 그럴 때 시가 더 잘 써지기도 하고요.

Q 어린 시절 논산 시골 마을에서 성장하셨다고 들었습니다. 그때의

기억이 선생님의 시에 어떤 영향을 끼쳤나요?

A 내 어머니가 광산 김가입니다. 나는 그 광산 김가들이 모여 사는 논산에서 태어나고 열 살 무렵까지 외가에서 자랐어요. 전형적인 농촌 마을로 다들 농사를 지어 먹고사는 사람들이 모여 사는 곳이라, 언덕을 넘으면 논으로 이루어진 평평한 들이 끝도 없이 이어지는 곳이었어요. 어느 날인가 외삼촌을 따라 그 들로 나갔는데 논과 수로들이 끝도 없이 이어지더군요. 시선의 경이랄까요, 끝이 보이지 않는 너른 들을 처음 봤을 때 현기증이랄까, 알 수 없는 공포감 같은 걸 느꼈습니다. 그 엄청난 유년기의 자연 체험은 내 무의식에 새겨진 원체험입니다. 그 뒤 서울로 올라와서 소년기와 청년기를 거치며 40여 년을 살았지만, 시골 정서에서 벗어날 수는 없었습니다.

산이나 들로 마음껏 쏘다닐 수 있는 시골에서 자란 덕분에, 나는 자연 친화적 정서를 갖게 되었습니다. 내에 나가 물고기를 잡고, 산에 올라 열매들을 따 먹으며 보낸 그 시절은 내 인생의 황금기였습니다. 내 안에는 그런 유년기의 긍정적 자연 체험과 성장하면서 겪은 부정적 도시 체험이 함께 들어 있지요. 그 둘은 융합하지 않고 서로 불화하며 겉돕니다. 아마 내 가장 중요한 시적 상상력은 그 '사이'에서 나오는 게 아닌가 싶습니다.

Q 선생님이 젊은 시절에 쓰신 시를 읽다 보면 자연스럽게 '질풍노도의 시기'라는 말이 떠오릅니다. 선생님의 젊은 시절은 어땠나요?

A 이십 대 초반은 그야말로 낭인으로 혹은 백수로 질풍노도의 시기를 보냈습니다. 한 4~5년 정도 시립도서관에서 붙박이 가구처럼 앉아서 책을 읽고, 한 1년쯤은 음악 감상실 구석에서 고전음악에 빠져 살기도 했습니다. 광화문에 있던 '르네상스'나 명동에 있던 '필하모니', '전원', '티롤' 같은 고전음악을 들을 수 있는 곳에서 많은 시간을 보냈어요. 돌이켜 보면 그 당시엔 꿈과 현실의 틈이 너무 커서 삶이 불우했던 것 같아요. 그런 슬픔을 위로하는 데, 책과 음악이 필요했던 거지요.

　살아 있는 모든 것들은 다 어느 정도 슬픔을 안고 있지 않나요? 나는 비애를 생명의 근원적 형질의 하나로 봅니다. 생명을 이어 가기 위해 자기보다 힘이 약한 다른 생명을 취해야만 하는데, 그 불가피성에서 비애라는 감정이 생기는 것은 아닌가 생각합니다. 자연에서 모든 생명은 그저 생명으로서 동등한데, 죽임-죽음의 고리로 엮여 있다는 사실을 벗어날 수는 없잖아요. 거기서 느껴지는 비애는 단순한 감상주의와는 다른 것 같습니다.

　내가 젊은 시절에 썼던 시들에 고통이 새겨져 있다면, 그것 역시 자아와 세계의 부딪침에서 파생된 것들입니다. 구체적·현실적인 고통이라기보다는 관념적·본질적인 것이었는데, 말하자면 사람이 태어나고 언젠가는 죽는다는 사실에 관한 통찰과 연관이 있다고 볼 수 있을 겁니다. 이상하게도 나는 아주 어렸을 때부터 존재 소멸에 관해 예민하게 느꼈습니다. 사람은 왜 죽어야 하느냐는 것이 아주 오랫동안 풀기 어려운 의문이었습니다. 그런 생각이 개인적 체험과 버무려지면서 고통의 표면장력을 갖게 되었으리라 짐작합니다.

Q 선생님이 등단하고 활동하신 1970~80년대를 우리 시의 최고 전성기라고 말하는 사람들도 있습니다. 함께 활동하던 분 중 기억에 남는 시인은 누구인가요?

A 시인 고은은 "나는 시의 무기수이다. 어떤 사면도 필요 없다"고 했는데, 이게 모든 시인들의 운명이 아닐까요? '무기수'에게 '행운'이란 가당찮은 일이지요. 시인들이 존중받았다는 뜻에서 그 시절을 시의 전성기라고 표현한다면, 그때가 시인들에겐 '호시절'이라고 말할 수도 있겠지요. 그러나 그 호시절에 도심 거리는 최루탄 가스가 자욱하고, 하루가 멀다고 좋은 사람들이 스스로 목숨을 끊고, 더러는 죄도 없이 잡혀가서 고문당하다가 죽기도 했습니다. 거대한 악의 권력이 우리 목숨을 옥죄고 있던 시절이었지요. 그때는 누구나 긴장하며 살 수밖에 없었어요.

많은 시인들이 나타났지만, 다양성은 죽어 버린 시대라고 기억합니다. 모두 '민중주의'라는 깃발 아래로 몰려갔기 때문이에요. 김지하나 김남주 같은 시인들은 무리 중에서 우뚝 솟은 시인들이었지요. 그러나 대개의 시인들은 도덕적 상투성과 실천주의의 조급함에서 벗어나지 못한 채 아류에 그치고 말았습니다. 나는 늘 모범 답안을 내놓는 공무원 같은 시인들도 싫지만, 강경 노조원 같은 시인들도 싫습니다. 그래서 무리에서 떨어져 단독자의 길을 걸었습니다. 철저하게, 혼자가 되자, 내 길을 걷자고 했지요.

그 시절 기억나는 시인을 꼽아 보자면 이성복, 박정만, 고정희, 이윤택, 김영승, 기형도 등등이 있습니다.

Q 시인, 인문학자, 평론가, 출판인, 독서광이자 장서가, 대학교수 등 다양한 호칭으로 불리고 계시는데, 가장 애착이 가는 호칭은 무엇인가요?

A 호칭은 외부에서 붙여 준 것이고 크게 의식을 안 합니다. 나는 처음부터 먹고살기 위해 써야만 하는 생계형 글쓰기, 살아남기 위해 써야만 하는 생존형 글쓰기를 하고 있을 뿐이지요. 원고료나 인세를 받아 애들도 키우고, 전기세도 내고, 의료보험도 내고 그렇게 살았습니다. 게으름을 부릴 수가 없었지요. 그러면서 출판 편집, 기획, 대

학 강의, 방송 진행 등과 같은 다양한 경험을 한 것은 행운이라고 생각합니다.

나를 규정하는 여러 호칭 중에서 나는 '시인' 하나로 족합니다. 가장 애착이 가기도 하고요. 어쨌든 예술의 본질은 시가 선점하고 있으니까요. 이제 나는 장년기로 접어들었고, 인생 전체에 대해 숙고하고 마무리를 준비할 단계에 이르렀다고 생각해요. 그래서 요즘은 에드워드 사이드가 말한 '말년의 양식樣式'에 대해 진지하게 생각을 합니다. 시와 철학을 오가며 사유하고 글을 써온 사람으로서 내 사유와 인식의 세계를 어떻게 총체적으로 드러내 보일 수 있을까, 하는 양식樣式에 대한 고민을 하고 있습니다.

Q 시인으로서 가장 듣고 싶은 말은 무엇인가요?

A 분명히 보았는데 놓친 것들 혹은 사물에서 전혀 생각지도 않았던 어떤 다른 것들을 끄집어내서 보여 주었다는 말을 들었을 때, 보람도 느끼고 뿌듯합니다.

시인은 언어를 가지고 본질을 드러내고 미학적인 것을 추구하는 존재입니다. 시가 장황해지면 산문이 되고, 논리를 추구하면 논설이나 에세이 같은 글이 되겠지요. 시는 언어를 쓰되 언어에서 자유롭기를 바랍니다. 시는 논리 너머 초 논리를 추구하거든요. 그러면서 사물과 세계에 대해서 새로운 눈을 뜨게 해 주는 거지요. 거기에 시의 의미가 있다고 생각합니다. 시가 밥이나 명예를 주지는 않지만, 또 실용적인 측면이 없지만, 존재의 인지적 갱신을 만드는 게 시라고 생각합니다.

책은 우리가
어떤 사람인지
말해 준다

Q 선생님은 다방면에 걸쳐 글을 쓰고 활동하고 계십니다. 그 바탕이 되는 선생님만의 책 읽는 방법과 글쓰기의 비법은 무엇인가요?

A 나는 발터 벤야민이나 롤랑 바르트 같은 에세이스트가 되기를 꿈꿉니다. 그러기 위해서는 먼저 세계로부터 재료들을 수집해야 합니다. 그게 바로 '인풋input'이지요. 책 읽기를 인풋이라고 한다면, 글쓰기는 '아웃풋output'이라고 할 수 있습니다. 항상 아웃풋보다 인풋의 비중이 커야 좋은 책을 쓸 수 있습니다. 이를테면 '뇌과학'이나 '생명의 기원' 따위에 관심을 두고 있다면, 그 분야의 책들을 계속 파고듭

니다. 뭔가 만족할 만한 성과가 나올 때까지 끝없이 책들을 파고드는 거지요. 이처럼 내 책 읽기와 글쓰기의 동력은 왕성한 지적 호기심입니다.

또 읽거나 쓸 때 중요한 것은 무엇보다 '몸'이 아닐까 생각합니다. 몸을 글쓰기에 최적화된 상태로 바꾸지 못하면 집중할 수가 없거든요. 이를 위해 되도록 생활을 단순화해야 합니다. 아르튀르 랭보가 "이제, 난 가능한 최대한 방탕하겠다. 왜냐고? 난 시인이 되고 싶다. 모든 감각의 타락을 통해 절대자에게 도달하려는 것이다"라고 했던데, 나는 그 말을 "이제, 난 가능한 최대한 단순화하겠다. 왜냐고? 난 시인이 되고 싶다"라고 바꿉니다. 생활의 단순화를 통해서 고요에 닿고자 하는 것이지요.

우리에게 생명이 주어졌다는 것은 그 생명에 얽힌 심오한 비밀을 푸는 의무가 각자에게 주어졌다는 뜻이라고 생각합니다. 공부는 생명에 부과된 책임과 의무인 셈이고요. 그리고 시는 생명의 비밀을 푸는 열쇠예요. 이것이 내가 시에 매달리고, 인문학을 파고드는 까닭입니다.

Q 소장하신 책만 해도 3만 권이 넘고, 지금도 하루에 한 권 이상 책을 읽고 계신다고 들었는데요. 어떻게 하면 그런 열정적 책 읽기가 가능한가요? 책 읽기 외에 다른 취미는 없으신가요?

A 책을 많이 읽는 건 일종의 '활자 중독증'이라고 해야겠지요. 책 읽기를 좋아하는 건 어렸을 때부터 그랬습니다. 성인이 되어서는 그걸 통해 밥벌이를 했고요. 젊은 시절 한때 도서관에 있는 책들을 다 읽어야겠다는 불가능한 꿈을 품은 적도 있지만, 나이 들어서 그런 무모함은 사라졌어요. 그래도 책 읽기의 즐거움은 여전합니다. 좋은 책을 앞에 두고 가슴이 설레는 것은 어린 시절이나 지금이나 마찬가지입니다. 그러다 보니 사람들이 상상하는 것보다 훨씬 더 많은 책들을 사서 소장하게 되었습니다.

해마다 사들이는 책이 천여 권 정도 되고, 저자나 출판사 쪽에서 보내는 책도 5백여 권이 넘습니다. 15년 전쯤에 집을 지을 때 서가를 갖춘 별채를 따로 지었는데, 더는 책을 둘 곳이 없어 새 건물을 짓기도 했습니다. 지금도 책이 계속 늘어나고, 늘 정리 중이기 때문에 정확하게 가지고 있는 책이 얼마나 되는지 알 수는 없어요. 대략 3만 권은 넘긴 거로만 알고 있습니다.

책 읽는 것 외에는 음악 듣는 것, 산책하는 것, 명상하는 것을 좋아합니다. 바둑을 좋아하지만, 요즘은 바둑 둘 시간이 거의 없어요. 주말에 안성 집에서 텔레비전을 보기도 하는데 텔레비전을 시청하는 게 아니라 그 앞에서 참선한다고 생각해요. 그냥 멍하니 앉아 있는 거지요. 시선은 앞에 두고 무아지경으로 다른 생각에 빠져 있는 경우가 많습니다. 발랄한 연예인들이 나와 사소한 잡담을 나누거나

내가 읽은 책이 곧 나의 우주다

어린애들이나 하는 유치한 놀이를 보여 주는 프로그램은 사실 눈여겨볼 만한 게 없어요. 뉴스도 특별히 관심이 가지 않고요. 그나마 즐겨 시청하는 것이 프리미어리그 축구 중계 정도예요. 새벽에 자다가도 벌떡 일어나서 볼 정도로 좋아합니다. 축구는 원시적 역동을 보여 주는 스포츠라고 생각해요. 축구 선수들의 동작은 살펴보면 정말 '남자가 하는 발레' 같은 우아함이 있습니다. 언젠가 동양 철학의 바탕 위에서 축구의 미를 풀어 글을 쓴 적도 있어요. 읽은 사람들에게 어려워서 무슨 소리인지 모르겠다는 얘기를 듣기도 했지요. 아마도 축구를 그렇게 해석한 사람은 지구상에서 나 한 명밖에 없지 않을까 생각합니다.

Q 책이나 독서의 미래에 대해 생각해 본 적이 있으신가요?

A 책의 미래에 대해서는 그리 희망적이지 않습니다. 문학이 점점 오락 수단이 되어 가고 있다고 생각해요. 소위 다른 오락 매체와 경쟁해야 하는 상황이 되었는데 아주 비관적이지요. 문학은 순발력을 비롯해 모든 면에서 다른 매체와 경쟁 상대가 되기에는 역부족이거든요. 소설의 경우는 서사성 때문에 계속 중요하게 여겨질 거라고 봅니다. 그전에도 그랬고 앞으로도 영화, 드라마, 게임 등에 영감을 주고 이야기의 소재를 제공하는 젖줄 역할을 하겠지요. 그렇게 소설

은 살아남을 거라고 생각합니다.

그런데 시는 좀 애매해요. 시는 지금보다 더 대중들과 멀어질 거라고 생각합니다. 더 전문화되고, 사람들이 더 알아듣기 힘든 암호 같은 소리를 하게 되겠지요. 궁극적으로 시는 예언이 되지 않을까 생각합니다. 아주 현란한 메타포로 구사되는 예언들인 거지요. 훈련되지 않은 독자들은 이런 시를 읽어도 무슨 소린지 알 수 없게 될지도 모릅니다. 결국은 소수의 마니아가 남아 시의 숭고함을 누리게 되겠지요. 그들이 시인들을 먹여 살리게 될 거고요. 물론 그것만 가지고는 밥 먹고 살 수 없으니까 시인들은 다른 직업을 갖고 시를 써야 할 겁니다. 나중에는 마니아 집단이 독점적으로 시를 즐기다가 자신들이 직접 시인들이 될 수도 있겠고요. 많은 사람들이 시를 접하지 못하게 된다는 건 불행한 일이지만 어쩔 수 없는 흐름이라고 생각합니다.

Q 현대인들에게 추천하고 싶은 책이 있으신가요?

A 《장자》를 읽어 보라고 추천하고 싶어요. 《장자》는 우언寓言이라고 하지요. 소위 알레고리로 이뤄진 우화 형식의 이야기예요. 언제 읽어도 참 재미있는 책입니다.

한번은 장자가 쌀이 떨어져서 안면이 있던 관리에게 쌀을 꾸러

가요. 그런데 그 관리가 장자에게 이렇게 말합니다. "장자 선생, 가을이 되면 수확을 할 테니, 그때 세금 거둔 것 중에서 스무 가마니쯤 보내드리겠습니다. 지금은 돌아가십시오" 당장 굶어 죽겠는데 몇 달을 참고 기다리라니 기가 차서 장자가 이렇게 대꾸하지요. "내가 이리 오는 도중에 누가 자꾸 부릅디다. 둘러보니 깊이 팬 수레바퀴 자국에 웅덩이가 생겼는데 거기 웬 물고기 한 마리가 퍼덕거리고 있지 않겠습니까? 물고기가 말하기를 '사실 내가 동해를 다스리는 신인데 이런 곤경을 만났소. 해가 쨍쨍해 곧 물이 말라 죽게 생겼으니 저기 강가에서 물 다섯 바가지만 떠다 주오.' 그래서 내가 이렇게 말했습니다. '내가 지금 이웃 초나라에 가는데 거기에 있는 가장 큰 강줄기를 끌어와 여기에 대줄 테니 걱정 마시오.' 그러니 물고기가 기가 막힌다는 듯 이렇게 말했습니다. '강줄기가 들어올 때쯤 나는 건어물점에 걸려 있을 테니 거기서 날 찾으시오.'" 높은 사람에게 직접 대놓고 따질 수 없으니 이렇게 우화로써 어리석음을 지적한 것이지요. 《장자》를 읽을 때마다 느끼는 것인데, 장자가 요즘 시대에 태어났다면 아마 최고의 개그맨이 되지 않았을까 생각합니다.

Q 선생님은 실용적 독서를 싫어한다고 말씀하셨지만 때로는 목적을 가지고 책을 읽어야 할 때도 있는 것 같습니다.

A 당장에 써먹으려고 책을 읽는 일도 많아요. 사실 많은 사람들이 그런 실용적 필요에 의해서만 책을 읽습니다. 이를테면 상급학교 진학을 위해서 학습용 서적들을 읽는 것, 취업을 위해 각종 수험서를 읽는 것 따위가 그렇습니다. 원하는 열매를 얻으려면 불가피한 일이겠지요. 피할 수 없는 일이고 열심히 매진해야만 합니다.

하지만 나는 실용적 목적을 위한 책 읽기는 매우 편협한 독서 행위라고 봅니다. 그것은 단지 외부의 정보를 자기 내부로 옮기는 일에 불과하기 때문입니다. 이런 독서 행태는 보람과 성취감은 있을지 모르지만, 책 읽기에 따라오는 "부싯돌로 불꽃을 일으키는" 것 같은 깨달음과 지속적인 기쁨은 없어요. 아울러 인격을 닦거나 사유의 폭을 넓히고 통찰력을 키우는 데도 도움이 되지 않는다는 걸 알아야 합니다. 또 꾸준히 책을 읽는 습관을 만들어 주지도 않고요. 나를 성장하게 하는 책 읽기는 그보다 훨씬 더 폭넓게 해야 합니다. 그러니까 '실용적 독서'에만 치우쳐서는 안 된다는 것이지요.

Q 책과 관련된 재미있는 일화나 기억에 남는 인물이 있으신지 궁금합니다.

A 기억에 남을 만한 독서가들이 많아요. 이덕무나 정약용 같은 조선 시대의 선비도 있고, 일본에서 '지의 거인'으로 꼽히는 다치바나

다카시, 아르헨티나 국립도서관장을 지낸 소설가 보르헤스도 있고요. 우리 가까이에 사회학자 정수복, 시인 황인숙, 로쟈 이현우, 라디오 프로듀서 정혜윤 같은 분들도 다독가로 알고 있습니다.

어느 시대에나 그 시대를 대표할 만한 독서가들이 있습니다. 조선 시대의 독서가로는 이덕무와 율곡 이이를 으뜸으로 꼽을 만합니다. 실학자였던 이덕무는 몹시 가난해서 책을 사 읽을 형편이 되지 못했어요. 그래서 책들을 빌려 읽고 귀한 책들은 베껴서 소장했지요. 그렇게 읽은 책이 수만 권이요, 베낀 책이 수백 권에 이릅니다. 그는 역사와 지리, 초목과 곤충, 물고기의 생태에 이르기까지 박학다식했어요. 서자로 태어나 나중에 정조 임금에게 발탁되어 규장각 검서관으로 일한 이덕무는 자신을 가리켜 '간서치看書痴'라고 했는데, 이는 책만 읽는 바보라는 뜻입니다.

독서광이던 율곡은 책 읽기에 관해 이런 말을 남겼습니다. 그는 사람들이 책을 읽지 못하는 첫째 이유로 "그 심지를 게을리하며, 그 몸가짐을 방일하게 하며, 다만 놀고 편안함만을 생각하고, 심히 탐구를 게을리하기 때문"이라고 적었어요. 율곡이 콕 집어 지적했듯이 독서의 적은 게으름, 방일, 편안함 따위입니다. 그러므로 독서가라면 누구나 게으름과 방일함을 경계하며 부지런히 읽는 일에 애써야 합니다.

누군가 나에게 어떤 책을 읽었는가를 말해 주면, 그가 어떤 사람인지를 말해 줄 수 있다고 생각해요. 책은 그것을 읽은 사람의 피와 살이 되는 까닭이지요. 누구나 자기가 읽은 책들을 자양분 삼아 교양의 토대를 만들고 인격을 다듬으며 자기라는 존재를 만들어 나갑니다. 그래서 책을 두루 많이 읽으면 안정적인 심성을 갖게 되고, 삶과 세계에 대한 통찰력이 생깁니다.

내 삶의
주인으로
살기 위한 책 읽기

Q 독서와 함께 여행을 글쓰기의 바탕으로 꼽으셨는데, 시인이자 인문학자의 여행법이 궁금합니다. 가장 인상적인 여행지는 어느 곳이었나요?

A 여행은 일상을 벗어나 떠나는 일탈이고, 지금까지와는 다른 삶, 다른 행복을 찾으려는 모험의 여정이지요. 여행은 '모호한 방식으로' 행복을 찾는 삶의 연장입니다. 우리가 직장과 업무를 쉬고 아무것도 하지 않을 자유를 만끽할 수 있는 휴가를 기다리는 것도 여행 때문입니다. 여행이 자유를 누리는 시간이 아니라면 누가 군이 돈과 시간을 들여 이곳저곳을 고생스럽게 떠돌까요?

또 여행은 팔과 다리의 건강함을 과시하며 삶과 꿈의 세계를 향해 뿜어내는 생기있고 활발한 움직임이고, 자기를 돌아보는 계기가 되는 시간이라고 할 수 있어요. 정신의 쇄신을 위해 여행보다 더 좋은 방법은 없습니다. 우리는 여행지에서 먹고 마시는 것으로부터 약간의 행복과 쾌락을 얻고, 부단히 움직이는 몸의 고단함 속에서 살아 있는 기쁨을 느낍니다. 그래서 일상의 삶에서 권태를 느낄 때마다 만사를 제쳐 놓고 여행을 떠나는 것이지요.

내게 가장 인상적이었던 여행 장소는 그리스와 터키의 에게 해였습니다. 이스탄불에서 블루 모스크를 둘러보는 것을 시작으로 셀축에서 셀수스 도서관 유적지를, 에페소에서 아르테미스 신전을, 파묵칼레에서는 하얀 석회붕과 네크로폴리스를 찾아갔습니다. 그리고 그리스의 산토리니 섬을 거쳐서 크레타 섬에서 미노스 문명의 유적지와 크노소스 궁전, 그리고 그리스의 국민작가 카잔차키스의 묘지를, 아테네에서는 아크로폴리스를 찾아 파르테논 신전, 제우스 신전, 아고라 유적지들을 둘러보았습니다.

한 달 동안 육로는 버스로 이동하고, 섬과 섬 사이는 배를 타고 가고, 그보다 훨씬 더 먼 거리는 비행기로 움직였어요. 터키의 구름 한 점 없이 투명한 하늘, 에게 해의 푸른 물결, 올리브나무와 월계수와 무화과나무들, 돌무더기로 남은 고대 유적지들, 여러 신전과 이슬람 사원들을 돌아보았지요. 터키와 그리스의 땅들을 헤매다니는 동안, 내 팔과 다리는 강렬한 햇볕에 그을었습니다.

어디에나 넘치는 희디흰 햇빛 속에서 묘약妙藥 같은 순간을 맛본 것은 그리스의 산토리니 섬이에요. 푸른빛을 머금은 바다와 언덕의 하얀 집들이 보여 주는 풍경에 매혹되어 그것들을 오래 바라보았습니다. 해 질 무렵엔 서쪽 끝 이아 마을에서 아름다운 일몰 풍경을 보고, 마을 골목에 있는 작은 서점 아틀란티스에도 들렀지요. 영국의 문학도 둘이 만든 서점에는 세계 각지에서 온 젊은이들이 몇 달씩 섬에 머물며 자원봉사를 하고, 책장은 여행자들이 기증한 책들로 가득 차 있었습니다. 주로 영어로 된 문학, 철학, 역사책들이 꽂혀 있고, 한국 책 몇 권도 보였어요. 올리브나무 그늘 아래에서 에게 해의 차가운 바람을 맞으며 종일 한가롭게 책을 읽은 산토리니 섬은 내겐 평생 잊을 수 없는 여행지입니다.

Q 현명한 선택을 하기 위한 선생님만의 방법이 있는지가 궁금합니다. 지금까지 내린 선택 중 가장 잘했다고 생각하시는 일은 무엇인가요?

A 지금까지 한 선택 중에서 가장 잘한 일이라면 책과 함께 살아온 일입니다. 내가 인생에서 이룬 가장 좋은 것들은 책과 관련이 있어요. 평소에도 나는 먹을 것과 잠잘 곳이 있다면, 책, 의자, 햇빛만 있

으면 행복하게 살 수 있다고 말합니다. 덧붙여 사랑하는 사람들, 숲, 바다, 음악, 대나무, 모란, 작약, 과일들이 있다면 금상첨화이겠지요. 책에는 내가 가보지 못한 장소들, 내가 한 번도 보지 못한 식물과 풍경, 그리고 낯선 미지의 시간이 있어요. 책을 읽는 동안 나는 그 세계 속으로 뛰어들어 지적 모험을 시작합니다.

나는 행복의 첫 번째 조건으로 책을 꼽기를 조금도 주저하지 않습니다. 내게 책이란 밥이고, 음악이고, 숲이고, 바다고, 우주였어요. 책이 없는 풍족한 천국과 책이 쌓여 있는 고통스러운 지옥이 있다면, 나는 아무 망설임 없이 지옥을 선택할 겁니다. 책이 없다면 아무리 풍족해도 바로 그곳이 지옥이기 때문입니다.

신의 한 수와 같은 또 다른 선택은 사십 대에 이르러 오랜 서울 살림을 정리하고 시골로 이사한 것입니다. 경기도 남단 안성에 '수졸재'라는 전원주택을 짓고 내려가 살고 있는데요. 서른 몇 해 동안 모은 내 장서가 있는 곳이지요. 수졸재의 서가에는 온갖 책들이 꽂혀 있습니다. 고전과 신간이 뒤섞여 있고, 시집, 소설책, 철학책, 역사책뿐만 아니라 자서전, 평전, 민담, 심리학, 인류학, 식물학, 우주과학, 물리학, 뇌과학, 축구, 요리, 건축, 미술 등등 다양한 분야의 책들이 구분 없이 꽂혀 있어요. 거기 머물며 책과 더불어 한가로운 삶을 누리는 것에 만족합니다.

Q 책 읽기가 내 삶의 주인으로 사는 데 어떤 도움이 된다고 생각하시나요?

A 책이 좋은 것은 누구도 차별하지 않는다는 점입니다. 책 앞에서는 직업의 귀천이 없고, 남녀노소의 분별도 없어요. 학생, 회사원, 주부, 변호사, 정육점 주인, 노숙자, 백수…… 누구든지 평등하게 책을 읽을 수 있습니다. 아울러 책은 어디에서든지 읽을 수 있어요. 서재나 도서관뿐만이 아니라 풀밭, 나무 아래, 공원 벤치, 지하철이나 비행기 안에서도 책을 읽을 수 있지요.

대개 훌륭한 책들의 저자는 '앎의 거인들'입니다. 그들의 책을 읽는다는 것은 "거인들의 어깨 위에 앉아서" 세상을 바라보는 것과 같은 효과가 있어요. 두루 많이 알고 비범한 능력을 갖춘 저자가 쓴 책을 읽으며, 그 폭넓은 앎과 비범한 능력을 빌려 세상을 넓게 바라볼 수 있는 거지요. 또 무른 인격을 다져 고매함에 이른 사람치고 책을 많이 읽지 않은 사람이 없습니다.

나는 왜 그토록 오래, 그리고 쉬지 않고 책들을 읽고 있는가? 이 물음에 관해 프랑스 출신의 문학연구자 츠베탕 토도로프의 말로 대신 답하고 싶습니다.

문학은 우리가 심각하게 의기소침한 상태에 빠졌을 때 우리들에게 손을 내밀어 주변의 다른 사람들에게로 인도하고 우리들로 하여금 세상을 좀 더 잘 이해하게 해주고 살아가는 일을 도와준다.

여기서 '문학'을 '책'으로 바꿔도 그대로 맞아떨어집니다. 책은 의기소침해하고 고립된 사람을 '다른 사람들에게로' 안내한다는 것이지요.

책은 나 아닌 타자들의 사색과 체험이 가득 차 있는 세계요, 무궁무진한 우주입니다. 따라서 어떤 책을 읽는다는 것은 그 세계, 그 우주로 초대받는 것이지요. 결과적으로 책은 우리의 불안과 분노는 가라앉혀 주고, 침체된 기분은 화사하게 만들며, 삶에 대한 의욕을 북돋을 뿐만 아니라 지적 통찰력을 갖게 합니다. 아울러 학습 기억의 총량을 늘려 '살아가는 일'을 도와 주기도 합니다.

Q 선생님이 읽은 책 속 등장인물 중에 '내 삶의 주인으로 산' 대표적인 인물을 꼽는다면 누가 있을까요?

A 두말할 나위도 없이 니코스 카잔차키스가 쓴 《그리스인 조르바》의 주인공 조르바를 꼽을 수 있어요. 이 소설은 카잔차키스의 역작이자, 위대한 영혼이란 어떤 것인가를 보여 주는 소설입니다. 소설

의 첫머리는 이렇게 시작해요.

> 항구 도시 피라에루스에서 조르바를 처음 만났다. 나는 그때 항
> 구에서 크레타 섬으로 가는 배를 기다리고 있었다. 날이 밝기 직
> 전인데 밖에서는 비가 내리고 있었다. 북 아프리카에서 불어오
> 는 시로코 바람이, 유리문을 닫았는데도 파도의 포말을 조그만
> 카페 안으로 날렸다.

카잔차키스가 아직 젊었을 때 항구의 술 냄새와 사람 냄새가 뒤
섞인 냄새가 진동하는 한 카페에서 노인을 만나는데, 그게 바로 조
르바였지요.

조르바는 실존 인물이에요. 도자기를 빚는 녹로를 돌리는데 손
가락이 걸리적대자 주저하지 않고 단박에 잘라 버린 사내, 그동안
만난 여인들의 음모를 모아 베개를 만들어 베는 사내, 산투리를 연
주하며 세상을 떠도는 사내, 술과 음식과 여인만 있다면 더는 아무
것도 바라지 않는 사내, 뼛속까지 자유인이었던 사내, 그가 바로 조
르바입니다.

1917년 서른네 살의 카잔차키스는 전쟁으로 석탄 연료가 부족
해지자 우연히 오다가다 만난 기오르고스 조르바라는 노동자를 고
용하여 펠로폰네스에서 갈탄 탄광 개발사업을 벌여요. 그 사업은 실

패하고 말지만, 조르바와 함께 지낸 몇 달간의 경험은 나중에《그리스인 조르바》라는 위대한 소설을 낳은 거름이 되었지요. 조르바는 책이나 학교와는 평생 담을 쌓고 지낸, 삶을 사랑하고 죽음을 두려워하지 않는 야성적이고 호방한 인간이었습니다. 카잔차키스는 자신을 이끈 스승으로 호메로스, 붓다, 니체, 베르그송과 함께 조르바를 꼽기도 합니다.

그는 조르바에 대해 이렇게 말합니다. "조르바는 삶을 사랑하고 죽음을 두려워하지 말라고 가르쳤다." 카잔차키스는 조르바와 만나 크레타 해안에서 여섯 달을 보내면서 그에게서 그동안 살아온 얘기를 듣습니다. 그리고 조르바는 젊은 작가의 머리와 영혼을 송두리째 흔들며 그의 삶을 뒤바꾸어 놓아요. 그들은 여섯 달 동안 먹고, 마시고, 웃고, 놀고, 바닷가에서 밤새워 얘기를 나누지요. 갈탄 사업은 거덜이 났지만, 카잔차키스는 이렇게 고백하기에 이릅니다.

굶주린 영혼을 채우기 위해 오랜 세월 책으로부터 빨아들인 영양분의 질량과, 겨우 몇 달 사이에 조르바로부터 느낀 자유의 질량을 돌이켜 볼 때마다 책으로 보낸 세월이 억울해서 나는 격분과 마음의 쓰라림을 견디지 못한다.

카잔차키스는 조르바 앞에서 자신의 영혼에 대해 그토록 수치를

내가 읽은 책이 곧 나의 우주다

느꼈던 적은 없었다고 고백합니다. 크레타의 햇빛과 진흙, 그리고 바다를 섞고 그 질료로 빚어낸 인간 조르바의 이야기는 굶주림과 살육의 광기가 세계를 지배하던 그 시절, 종이와 잉크에 의지해 삶을 가로질러 가려 했던 한 영혼에 아주 깊은 자국을 남긴 채 지나간 위대한 영혼의 모험담이라고 할 수 있습니다.

Q 마지막으로 젊은이들에게 꼭 들려 주고 싶은 시가 있다면 소개해 주세요.

A 젊은이들에게 들려 주고 싶은 시들은 많아요. 굳이 한 편만 고르라면 터키의 국민 시인 나짐 히크메트의 〈진정한 여행〉이라는 시를 소개하고 싶어요. 이런 내용의 시입니다.

진정한 여행

가장 훌륭한 시는 아직 씌어지지 않았다.
가장 아름다운 노래는 아직 불려지지 않았다.
최고의 날들은 아직 살지 않은 날들
가장 넓은 바다는 아직 항해되지 않았고,
가장 먼 여행은 아직 끝나지 않았다.

불멸의 춤은 아직 추어지지 않았으며

가장 빛나는 별은 아직 발견되지 않은 별

무엇을 해야 할지 더 이상 알 수 없을 때

그때 비로소 진정한 무엇인가를 할 수 있다.

어느 길로 가야 할지 더 이상 알 수 없을 때

그때가 비로소 진정한 여행의 시작이다.

항상 내 인생에서 가장 훌륭한 시, 가장 아름다운 노래, 최고의 날들은 오지 않았다고, 그것은 미래에 이루어질 일이라는 기대를 품고 사는 게 중요해요.

넓은 바다, 불멸의 춤, 빛나는 별들을 만나지 못한 것은 미래가 품고 있는 것들이기 때문입니다. 그러니 실망할 필요는 없다는 것이지요. 이 초록별에서의 삶은 누구에게나 단 한 번 주어진 편도여행이에요. 시인은 우리가 인생에서 더 이상 무엇을 해야 할지 모를 때, 어느 길로 가야 할지 모를 때 비로소 진정한 여행이 시작된다고 말합니다.

우리에겐 써야 할 가장 아름다운 시와 불러야 할 가장 아름다운 노래와 항해해야 할 가장 넓은 바다와 아직 추지 않은 불멸의 춤이 있어요. 오지 않은 날들에 대해 희망을 품을 수 있는 근거이지요. 이

내가 읽은 책이 곧 나의 우주다

시는 가장 아름답고 소중한 것들은 아직 우리에게 도착하지 않았다는 기대와 설렘을 잃지 않고 사는 게 중요하다는 사실을 깨닫게 합니다.

| 본문에 수록된 책들 |

8–9쪽 《마흔의 서재》, 장석주 지음, 한빛비즈, 2012

18쪽 《독서력》, 사이토 다카시 지음, 황선종 옮김, 웅진지식하우스, 2015

24쪽 《유혹하는 책 읽기》, 앨런 제이콥스 지음, 고기탁 옮김, 교보문고, 2014

26쪽 《인간이라는 직업》, 알렉상드르 졸리앵 지음, 임희근 옮김, 문학동네, 2015

34쪽 《독서 만능》, 가토 슈이치 지음, 이규원 옮김, 사월의책, 2014

45쪽, 129–130쪽 《지적 생활의 발견》, 와타나베 쇼이치 지음, 김욱 옮김, 위즈덤하우스, 2011

47쪽, 90–91쪽 《독서는 절대 나를 배신하지 않는다》, 사이토 다카시 지음, 김효진 옮김, 걷는나무, 2015

50쪽 《위험한 독서의 해》, 앤디 밀러 지음, 신소희 옮김, 책세상, 2015

53쪽 《지금 어디선가 누군가 울고 있다》, 장석주 지음, 문학의문학, 2009

63–64쪽 《데미안》, 헤르만 헤세 지음, 전영애 옮김, 민음사, 2000

65쪽 《결혼, 여름》, 알베르 카뮈 지음, 김화영 옮김, 책세상, 1998

70쪽 《지상의 양식》, 앙드레 지드 지음, 김화영 옮김, 민음사, 2007

72쪽 《침묵의 세계》, 막스 피카르트 지음, 최승자 옮김, 까치, 2010

77–78쪽 《책 읽는 뇌》, 메리언 울프, 이희수 옮김, 살림출판사, 2009

78쪽 《글자로만 생각하는 사람 이미지로 창조하는 사람》, 토머스 웨스트 지음, 김성훈 옮김, 지식갤러리, 2011

84쪽 《천천히 읽기를 권함》, 야마무라 오사무 지음, 송태욱 옮김, 샨티, 2003

103쪽 《여행의 기술》, 알랭 드 보통 지음, 정영목 옮김, 청미래, 2011

153–154쪽 《그리스인 조르바》, 니코스 카잔차키스 지음, 이윤기 옮김, 열린책들, 2009

155–156쪽 《사랑하라 한번도 상처받지 않은 것처럼》 중 〈진정한 여행〉, 류시화 엮음, 오래된미래, 2005

아우름 09

내가 읽은 책이 곧
나의 우주다

1판 1쇄 발행 2015년 12월 30일
1판 11쇄 발행 2024년 11월 29일

지은이 장석주
펴낸이 김성구

책임편집 고혁
콘텐츠본부 양지하 김초록 이은주 류다경
디자인 이영민
제작 어찬
마케팅부 송영우 김지희 김나연 강소희
관리 안웅기

표지 패턴 NOSTRESS 민유경

펴낸곳 (주)샘터사
등록 2001년 10월 15일 제1-2923호
주소 서울시 종로구 창경궁로35길 26 2층 (03076)
전화 1877-8941
팩스 02-3672-1873
이메일 book@isamtoh.com
홈페이지 www.isamtoh.com

ISBN 978-89-464-2017-5 04020
ISBN 978-89-464-1885-1 04080(세트)

값은 뒤표지에 있습니다.
잘못 만들어진 책은 구입처에서 교환해 드립니다.